愛情是怎麼回事？

17位作家的萌戀大公開

【編序】

都是為了愛

◎桂文亞

首先我得坦白承認，剛開始編這本書的動機，純粹是覺得有「話題性」和「可讀性」。因為在一次文友聚會中，兒童文學作家賴曉珍閒聊時說起曾令她驚奇的一幕：一對國小男女生，在熱烈擁吻中被她無意撞見，嚇得立刻分開，兩個孩子還緊張得猛擦口水，一向羞怯內向的曉珍，更別說自己有多麼不好意思了，趕緊臉紅紅的落荒而去……

曾經「因噎廢食」的兩性教育制度，在許多成年人上小學的年代，連跳個土風舞，男生女生都要用樹枝或手帕「銜接」，才敢手牽手！曾幾何時，現在又膨脹得如此「明目張膽」、「斯文掃地」，甚而在光線明亮的捷運電扶梯上，一些少年男女連體嬰似的肢體語言，也彷彿讓人見怪不怪了。

一粒青澀的蘋果，怎麼說，還是一粒未成熟的蘋果，如果基於好奇，或是一種出自本能的衝動，一口咬下，必然齒酸舌麻。萌芽生長中的青少年男女，我們也常以青澀的果子比喻，但如何幫助他（她）們安然度過這青澀的成長期，寬待他（她）可能一不小心失足造成的傷害，如能透過一群心思細膩、有愛心的過來人，提供親身的寶貴經驗，做為實例，提出忠告，提出意見，進而對青春期讀者在兩性交往的觀念和行為上多有所啟發和提升，才應該是編輯本書想達到的目的。

目錄

愛是……天外飛來的乒乓球

愛是……迴盪心底的浪漫曲

愛是……迸發的熊熊熱火

那必然是愛神之箭的魔力，
否則怎會讓人如此痴狂？
哪管別人怎麼說，怎麼想，
就算面對全世界，也毫不畏懼！

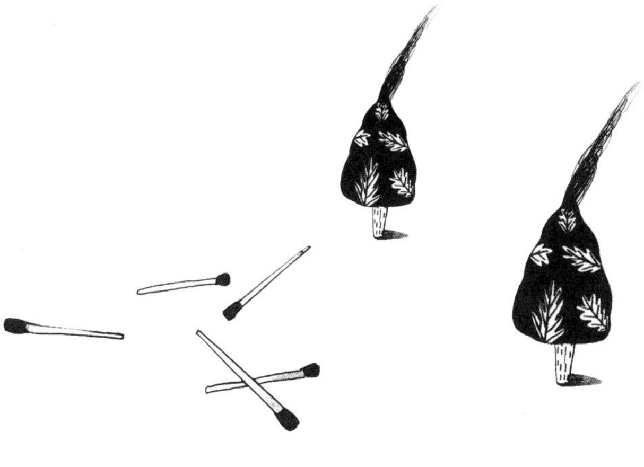

無敵青春之跳針小插曲

九月開學季節，學生們回來了，幾位學生暑假中染髮的痕跡還在、到海灘晒黑的膚色格外醒目。幾位女生交頭接耳、竊竊私語，夾雜著壓抑、岔氣的笑聲，我問：「怎麼了？誰跟誰談戀愛了？」

「你怎麼知道？」小女生們一臉

作者簡介

王家珍

生於臺灣澎湖，祖籍河南汲縣。曾任《漢聲小小百科》編輯，《兒童日報》新聞編輯，現從事童話創作與教學工作。童話作品有《孩子王‧老虎》、《小野豬的玫瑰花》、《山羊巫師的魔藥》、《母老虎吃粽子》、《天使抱抱》、《從前從前有一隻貓頭鷹》、《三個為什麼‧八個原來如此》等作品。曾獲第四屆兒童文學獎、第三十屆金鼎獎最佳圖畫書獎及一九九二年《中國時報》開卷版最佳童書。

驚訝。

「我當然知道，快說，誰跟誰？」我很篤定。

小女生哪肯講，轟的一下子，躲得不見人影。

我看著她們的背影，突然有幾個鏡頭，唰唰唰！在眼前閃過，是我那「黑白」青春期難得的幾張「彩色」相片。

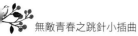

國中時期，學校採取男女分班，在學校，男女生不能接觸、不可以說話，否則記「警告」伺候，三支警告換一支小過、三支小過換一支大過、三支大過就要被退學，沒有商量餘地。學校也採能力分班制度，成績好的被分到「好班」、成績差的分到所謂的「壞班」，每年分班一次，把大家搞得雞飛狗跳、人心惶惶。

在能力分班和男女分班雙重夾擊之下，我的國中時期，因為自覺是隻醜小鴨，不曾有談戀愛的念頭、不曾有過心儀的對象、也不曾因為愛戀的情愫作祟而做過傻事，平平穩穩、吃喝玩樂睡，身高從一百四十七公分長到一百六十八公分，安然度過國中三年。

上了高中，以為又是平淡無奇的三年，但是有三個頑皮鬼，在平靜的湖心投下三顆石頭，撲通！撲通！又撲通！濺起超大水花，淋得我滿頭滿臉，讓我狼狽不堪。

高一的某一天早自習，方教官拿給我一封信，說：「你自己看就好，放學之前決定該怎麼處理。」我接過信來一看，居然是不認識的、住在臺北市金華街的男生寄到學校給我的「情書」。

哇！教官拿這封「違禁品」給我的用意是什麼？該不會要記我小

過吧？我驚嚇過度，亂了方寸，拿著信逃回教室，跟阿市商量。

阿市興味十足的看完信件，毫不留情的奚落我：「這個男生說是看到國中畢業紀念冊上面你美麗的相片，心嚮往之，才寫信給你，希望你回信。怎麼辦？回不回信呀美女？」

我嘟囔著：「霉女個鬼！信都寄到教官手裡，能怎麼辦？」自覺是個配備馬桶蓋髮型、超容易汗流浹背、脾氣暴躁古怪、沒人欣賞沒人喜愛的大頭怪女孩，跟美女沾不上邊，說是「霉女」還差不多。

阿市把信還給我說：「自己的事情自己解決，我可不淌這渾水。」

那天每一節下課，我都偷偷把信拿出來看，即使這個無厘頭男生我不認識；儘管我不想跟這個蠢到把信寄到學校的男生有任何瓜葛，但這可是我生平所收到的第一封情書！長到這麼大，生平第一次有人說我美麗！

我想把信留下，收在寶物盒，隨時拿出來炫耀一下，證明傻呼呼的寡言大頭怪女孩也有人欣賞。放學前的打掃時間，把信交給方教官，教官說：「我就知道你是好學生，沒事了，回去吧。」

沒看方教官是把信丟進垃圾桶，還是夾進「有待觀察」資料夾，就這樣「處分」了生平第一封情書，唉！

高二下學期某一天，放學後跟同學邊走邊聊，斜照的日頭刺入眼簾，瞇著眼睛、皺著臉、汗流滿面，我肯定很醜。

冷不防從路邊冰店傳來聲聲呼喚：「王家珍喔！來吃冰啦！我請

你吃剉冰啦！」

我跟幾位同學突然都不說話了，也不敢轉頭看看到底是哪個厚臉皮的「青仔欉」在冰店裡大聲嚷嚷，直到走過轉角，幾個同學才爆出大笑！

「恬恬呷三碗公半，談戀愛喔。」伶牙俐齒的密友先開炮，轟隆轟隆！把我炸上天！

「黑矸仔裝豆油，看不出來呀！」鬼靈精的蒼蠅接著補上一整條子彈，我才落地又中了幾十彈，掙扎著往前爬。

「來呷冰啦！」個性憨厚的美月居然補上一刺刀，我，終於倒地不起。

氣得冒火的我，詛咒要請我吃冰的那個討厭鬼，吃冰吃到肚子痛，出門踩到新鮮臭狗屎，走路撞到電線桿、騎車摔進臭水溝。

好多男生坦承，「對付」喜歡女生的招數就是「捉弄」她，所謂「打是情罵是愛」，被這些不懂事的小男生發揮到淋漓盡致——拉她辮子、伸出腳絆倒她、在她的抽屜裡放青蛙或是蟑螂老鼠、在牆上寫誰愛誰的字眼、甚或是坐在冰店，用沙啞小公雞似的聲音，大聲喊女生的名字。這些招數，幼稚又討人厭，一點都不可取。

第二天，我就偷偷換了路隊，再也不經過那家冰店，再也不給那個「青仔欉」大吼我名字的機會，哼！

俗話說得好，福無雙至、禍不單行，所謂壞事，有個鐵則，就是要壞壞壞！連三壞才會收手。高中畢業典禮結束後，我被一位男生跟蹤了！他跟蹤我回家，第二天早上七點，居然大剌剌搬來一張涼椅，坐在對面大榕樹下，盯著我家看，一副要長期抗戰的架勢。

鄰居問他來做什麼，他說：「我來等王家珍，我是她同學，我想跟她交朋友。」

大家要知道，我住在陸軍眷村，眷村就是人多嘴兒雜、無風會起浪、無雲會下雨，一丁點小事就搞得沸沸揚揚，據說「一犬吠形，百犬吠聲」的諺語就是我家眷村發生的事。更何況是個黑黑壯壯鬢角比貓王還豐厚、頭髮起碼一週沒洗油膩膩貼在頭皮上、體重至少八十公斤可以參加相撲比賽的高中剛畢業男生，在女生家對面大榕樹下「坐」崗，痴痴等待。

這款轟動全村的大事，讓村子裡的一哥二姐、三姑六婆、四叔七爺，有事沒事就來大榕樹下聚會，邊聊天、邊數落他，順便議論我。好幾位媽媽級人物，為我挺身而出，罵那個男生無聊、噁心、討人厭之後，接著評斷說，其實女生也不對，不應該招惹男生跟蹤回家，還在門口等待，鬧得人心惶惶、雞犬不寧。

因為他在門口等我出現，害我不能出門逛街、害我不能跟媽媽上菜市場、還害我不能騎單車到海邊閒逛，等於把我關在家裡，成為囚犯！我恨得牙癢癢的，卻也拿這事無可奈何！

幸好幾天之後我就負笈臺北參加升學考試，擺脫這段令我不堪回首的小插曲。懊惱！青春無敵，我的無敵青春期，即使從不期待收到情書，但是既然寄來了，就不要寄到學校，讓教官攔截吧。儘管從不期望在轉角遇到王子，卻也不要讓我遇到厚臉皮的癩蝦蟆嘛。雖然不是「外貌協會」成員、沒想過會有人在家門口站崗，但是真的要有個誰來站崗，那就來一位帥哥而不要邋遢男，回憶起來也較有面子呀。

時光荏苒、歲月遞嬗，多年歲月悠悠晃過，每次回想我的青春時期，情絲蠢動，卻誤打誤撞組串了一件件糗事。

我在心底安放一個大玻璃瓶，擺一層梅子、一層糖；又一層梅子、又一層糖；層層梅子、層層糖，密封妥當，準備釀一罐純美佳釀。沒料到瓶子有瑕疵、梅子裡有蟲、糖也下得不夠，終究釀成一罐子酸醋，一開封，哇！引來大家哄堂大笑，好糗！

幸好，在這個無所不用其極追求健康的年代，喝酒不再受到稱許、喝醋倒成了風潮。我安然端坐簷下，看天上雲形舒卷、聽樓下夫妻吵嘴、喝一杯自家釀的酸醋，大嘆一聲：「唉呀！酸得好！」

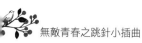

品讀

光看題目，就覺得將有什麼精采好戲要上演，果然，俏皮的文字，自我調侃的幽默和誇張的敘事風格，讓人彷彿看到一幅幅生動有趣的畫面，由不得人不笑，一笑就停不下來，明明是挺浪漫的「愛情三部曲」嘛！怎麼成了三則滑稽小品？

關鍵在於作者生動的語言魅力和善說故事的能力。一次比一次精采，一次比一次意想不到。有層次，有剪裁，先從「知生莫若師」的角度切入，自然過度到本人的青春期，原來誨人不倦的老師也有一段令人啼笑皆非的「情史」。

第一次「愛情事件」，是一封無厘頭情書，憑紀念冊裡的照片「一見鍾情」，寄給愛慕者，結果經由教官轉交，引來一場虛驚，寫活了每一個少女不可避免的愛美之心；第二次插曲，是一個陌生男生在冰店裡大聲嚷嚷，要請少女吃冰，害她尷尬惱怒，原因自然是反感於粗魯無聊的戲弄；第三次「豔遇」，卡通到不行！高中畢業典禮剛結束，一個相撲型的大個子，竟然搬來一張涼椅，早上七點就坐在家對面大榕樹下痴痴等待，他說：「我想跟王家珍做朋友。」這種不經大腦的愛慕方式，讓人受不了。

本文之所以有趣好看，歸功作者的喜劇才華，很平常的一件事，經過繪聲繪影，所有角色都活生生蹦了出來。說來不可思議，怎麼盡遇上這些「牛鬼蛇神」？難怪在我們這位美女眼裡，根本就是三個傻蛋加冒失鬼加討厭鬼！

本來，人與人之間的感覺就是一半緣分，一半直覺，看對眼，烏鴉也可能變鳳凰，可惜，這三段小插曲只能讓人翻白眼。

無猜

畢業時，她寫給我的贈言是：「人生朝露，藝術千秋。祝你早日成為人民的作家。」當時只有老舍先生被稱為「人民作家」，她的誇張期許，鼓勵我直到現在。知我莫若她。她叫梁無猜。這名字是我給她取的，諧音「兩無猜」。我喜歡李白的詩句：「同

作者簡介

蕭袤

一九六八年生，湖北黃梅人。九〇年代初即有多篇童話持續刊登在臺灣《聯合報》系的美國《世界日報》及《歐州日報》兒童版。迄今出版作品有長篇童話《長牙鼠奇遇記》、《飛車鼠包頭龍》、《蕭袤童話》，以及圖畫書《我也是英雄》、《驛馬》等四十餘種。獲獎紀錄包括：宋慶齡兒童文學獎、陳伯吹兒童文學獎、冰心兒童文學獎等。

居長干里，兩小無嫌猜。」我和她是同鄉，但不在一個縣，是相鄰的黃梅縣和廣濟縣（現在改為武穴市）。我羨慕古人說的「青梅竹馬，兩小無猜」，我和她雖然算不上「青梅竹馬」，但同窗三載之情，也夠得上「兩小無猜」了。

說小也不小了。

認識她的時候，我十六歲，她十五歲，都是青蔥得掐得出水來的年紀。第一次牽她的手，是在學校組織的舞蹈隊裡。不知道是上天的安排還是命運的巧合，冥冥中肯定有什麼人在暗中「作弄」我們：從來沒有跳過舞的我，居然跟她一起，被班上推薦去參加學校舞蹈隊，說是迎接上頭來的什麼人。因為來自同一個班，自然覺得親近些，不自覺地站到一起。真像傳說中說的那樣：戀愛中的人，手心是溼的。

這是我第一次牽女孩的手。那種心跳，那種臉紅，直到現在還恍如昨日。不要笑我「土」，那個年代，男女生之間連話都很少說，見面也不打招呼，有什麼非說不可的事，只管走到對方面前，直接說事，說完就走，從來不喊名字的。而現在，我卻拉著她的手，跳起了「青年友誼圓舞曲」：

「藍色的天空像大海一樣，廣闊的大路上塵土飛揚……白鴿在天空中展翅飛翔，青春的花朵在心中開放……」

老實說，就在那時，我喜歡上了她。她很文靜，卻不失活躍。她出生在縣城，文藝細胞比我多，又會說，又會唱，又會跳，是班上的文娛委員，負責在上課前領唱歌曲。我愛寫作，像小說中寫到的那樣，我大量寫詩，寫的是朦朧詩，是當時最流行的時尚之一。朦朧詩好啊，詩情是跳躍的，句子是長短不一的，排列是有造型的：或斜，或豎，或呈階梯狀，最主要的是，這詩除了我自己，外人是看不懂的。如果一看就懂，「真相」豈不大白於天下了麼？看不懂的才是詩。看不懂的詩才更讓人臉紅心跳。我默默地給她寫詩，她有空就唱流行歌。我覺得她所有的歌，都是唱給我一個人聽的。當時的流行歌有許多源自港、臺，都是情歌。

「又見炊煙升起，暮色罩大地，想問陣陣炊煙，你要去哪裡？夕陽有詩情，黃昏有畫意，詩情畫意雖然美麗，我心中只有你！」

終於，有一天，我託同學把她叫到教室外面的走廊裡，鼓起勇氣，很大很大的勇氣，對她說話。我不知道我是怎麼開口的，當時都說了些什麼，但她見我搓著手，抖著腳，嘴脣囁嚅，不知所云的樣子，有點明白了吧，竟然「噗哧」一聲笑了。「你找我有什麼事？」她問。「沒什麼，就是……」我喃喃地說，「我有點煩惱，不過，現在已經不煩惱了……你知道這是為什麼嗎？」「不知道啊……」她搖了搖頭。她當然知道的，她那麼冰雪聰明，怎麼可能不知道呢？可是，就算她知道，她也會說不知道的。從那以後，我們開始了交往。也就是當時人們所說的「談戀愛」了。在學校談戀愛是不被允許的。因此總是偷偷摸摸，防止被老師發現，卻不避同學。熟悉的同學都知道我們是「一對」。

最愛去的是浠河邊。有時候我先到，就一個人對著夜空高唱〈敖包相會〉：

「十五的月亮升上了天空喲，為什麼旁邊沒有雲彩？我等待著美麗的姑娘喲，你為什麼還不到來？喲呵……」

談理想，談未來，談文學，什麼都談，總有說不完的話。很顯然，煩惱是多於快樂的。不能相見的煩惱；不理我的煩惱；見面後馬上又分別的煩惱；跟同學換座位，跟她坐到一塊，卻被老師硬性分開的煩惱；畢業就要分手的煩惱；家裡人反對戀愛、怕影響學業的煩惱……等等。可是，就算有再多的煩惱也不怕，見面時一剎那的快樂，可以擊敗所有的煩惱。總之，我被「愛情」俘虜了，成了「愛的奴隸」，終日處在惶惶不安之中。「少年不識愁滋味」，誰念這句詞，我跟誰急！都「愁白了少年頭」，還說「少年不知愁滋味」！我怎麼就不識「愁滋味」呢？我知道，我比天下所有人都知道！我都愁怕了。甚至藉酒澆愁。我本來不喝酒，被幾位同學一拉就跑去小館子裡偷偷喝酒，一喝就醉，回來的路上，掉進水溝裡，渾身溼淋淋的。要不是她聽說後趕來扶我回校，恐怕我會醉得更加「不知歸路」了。我什麼事都做不成，用校長的話說：「他抽菸、喝酒、打架、談戀愛……」這是校長在全校學生大會上處分我時講的話，通過高音喇叭傳遍校園。我被撤去班長職務，受記過處分。畢業考試時，因為化學不及格，而無法拿到畢業證書。

我的一切全毀了。

車子開動時，我再也忍不住，不顧眾目睽睽，跑到她那輛車上，拉著她的手，把我的唇，印上她的手心。這在當時是「石破天驚」的舉動，連送行的老師都大跌眼鏡。除了送我贈言，臨別的前夜，她還送了我一隻保溫杯，像小開水瓶似的，有水銀玻璃內膽的那種，我不知道這「保溫」杯有沒有什麼象徵意義。還沒離開校門，我旋開蓋子時，內膽突然破了，正如我少年的心一樣，碎了一地，從此再也無法恢復。我知道，我的「無猜歲月」就這樣結束了。

品讀

「他抽菸、喝酒、打架、談戀愛……」，通過校園高音喇叭的傳播，校長在全校學生大會上宣讀蕭袞的「罪狀」：撤除班長職務，記過處分。另加化學成績不及格，畢業拿不到畢業證書！

這是為了談戀愛付出的代價嗎？和「梁無猜」兩情相悅，無話不談，談理想，談未來，談文學，卻談出了更多問題和煩惱，不折不扣成了「愛情的俘虜」，後悔不後悔？為此付出這麼大的代價。

也許有人認為「值回票價」，因為純潔大膽的愛，一生難遇！也許有人認為不值得「因小失大」。如果你要我做個評斷，我會說，蕭袞是幸運的，在現實上，他得到人生第一個失敗挫折的啟發；在情感上，獨一無二！他品味了清晨一朵紅薔薇的初綻。這個十六歲的初戀故事，充滿「搖滾風」，激情又浪漫！

相較之下，一般男孩在苦悶的宣洩上，似乎更訴諸直接的生理需求。抽菸喝酒打架，動作很大，更大膽的是，眾目睽睽下的「山盟海誓」一吻，也讓人感動得眼眶發熱。這，不就是年少輕狂？

讀者可以感受到，無論哪個時代，男女孩的身心特徵都是相似的，戀情發展的過程也多有相似，但隨著社會尺度的開放，曾經被視為禁忌的行為如今早已不是問題，曾經被裁定「離經叛道」的道德標準，也一一解禁，這到底是好還是不好？新的價值標準又提出了新的考驗。

跨越青春期的考驗

我因為從事兒童文學創作，結識了青少年朋友。青少年屬於人生的成長期，渴望自己的人生更精采，卻又時常遭遇成長的煩惱。我經常會收到他們的來信，向我訴說各種苦惱，希望我能給他們答疑解惑。

就在馬年春節來臨的第三天，我的

作者簡介

沈石溪

原名沈一鳴，一九五二年生於上海。八〇年代初開始兒童文學創作，專長動物小說，已出版五百多萬字作品，有「當代中國動物小說之王」稱譽。獲獎作品遍及兩岸，作品多次被收錄中小學語文教材，深受讀者歡迎。「人和動物之間的差別並沒有我們想像的那麼大，稍有不慎，人就有可能變得像動物，甚至比動物還不如。」深諳動物生態的小說家，其實更了解人，經常為青少年讀者排難解惑，提出忠告。

電子郵箱收到這樣一封來信：

尊敬的沈老師：

您好！我是一名初二學生，提筆給您寫這封信，我內心很緊張。因為最近我失戀了，心裡覺得很痛苦，所以找您傾訴，希望您能夠幫我出出主意。我知道戀愛對我們這個年齡的學生是不應該的，但是我卻情不自禁。我與她是同班同學，她性格開朗，文靜甜美。我倆是前後座位，她的學習成績比我優秀，當我遇到困難或不明白的問題向她請教時，她總是熱情、仔細地給我解答，臉上總是掛著美麗的微笑。也許是彼此交流多了，逐漸產生了好感。於是，我經常主動約她單獨「約會」，放學後、雙休日我們經常一起到公園散步，去麥當勞吃漢堡，這段日子裡我感覺到從未有過的快樂。但我們的交往不久被同學發現了，很快就傳到老師和家長耳朵裡，鬧得沸沸揚揚。在別人眼裡，我們倆「早戀」，屬於行為不端的人。其實，我們覺得在一起很開心，也沒有發生別人想像的嚴重事情。前些天，她向我提出「分手」，並告訴我她父母要給她轉學。沈老師，我真的很喜歡她，她對我也有好感，但事與願違，社會輿論把我們壓得喘不過氣，逼迫著我們分開。最近，我心裡很難過，整日整夜腦子想的就是她，沒心思學習，上課注意力難以集中。我老媽說我是迷亂的青春；我老爸說我是青春期的騷動。沈老師，您說我該怎麼辦？請您幫幫我。

您的忠實讀者　黃子衡

收到黃子衡的信，我陷入了沉思。我知道，很多青少年朋友都受到類似感情問題的困惑。這個問題如果解決得好，青春便一馬平川；這個問題如果解決得不好，人生便有可能馬失前蹄。

一般而言，到了十二歲左右，人生便進入第二個身體高速發育期，這個時期，男孩的男性特徵開始顯露，嗓音低沉，喉結突出，開始長鬍子，並出現遺精現象；女孩的女性特徵也開始顯露，嗓音圓潤，乳房開始發育，身材曼妙，並出現月經現象。伴隨著生理上的巨大變化，中學時期的男女生在心理上也發生巨大變化。男女生彼此之間產生好奇和好感，不由自主地去接觸異性，取悅對方，相互產生愛慕之情，這屬於一種正常的心理現象，也就是人們常說的青春期萌動。

德國大文豪歌德在他的名著《少年維特的煩惱》，開宗明義就寫了這麼兩句話：哪個少年不鍾情，哪個少女不懷春？有中國最古老詩歌總集美譽的《詩經》，第一首就是〈關雎〉，開頭四句就是：關關雎鳩，在河之洲；窈窕淑女，君子好逑。可見，少男少女這種互相吸引的情感，中外同理，古已有之。是一種最常見、最健康、最美好的感情。

愛情是美好的，但早戀就不一定了。早戀這個詞，從詞面解釋，就是過早戀愛。我想談談戀愛和早戀的區別。

戀愛，現代定義為兩個人基於一定的物質條件和共同的人生理想，在各自內心形成對對方最真摯的仰慕，並渴望對方成為自己終生伴侶的最強烈、最穩定、最專一的感情。

早戀，通常是指發生在生活、經濟上不能獨立，同時又比法定結婚年齡小很多的青少年這一特定群體的戀愛行為。

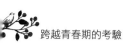

毫無疑問，早戀是份未成熟的感情。中學生雖然身體開始發育了，但尚未完全成熟，還在長身體時期，過早進入纏綿的情感世界，對身體成長顯然是不利的。更重要的是，中學生首要任務是學習，雖然並不是所有人早戀都會影響到學習，但不可否認早戀會讓學習分心，因為人的精力是有限的。兩個人談論感情多了，在學習上的問題就談得少了，長期下去會影響學業。還有，兩個人在一起時間多了，只顧跟對方交往，疏遠了周圍其他朋友，容易縮小交友圈，導致人際關係狹隘。

人生百年，每個階段都有自己的人生使命：幼兒時我們要學習

「人之初」的基本知識，讀書階段進入了知識學習和吸收的高峰期，為我們以後人生的發展奠定堅實的知識基礎。大學畢業後初入社會，我們開始參與社會競爭和為人處事的社會適應期。接著戀愛、結婚、生兒育女，追求事業的巔峰期……。人生的每個階段都會有不同的歡樂和痛苦，接受不同的人生洗禮。從這個意義來說，人生佳境，就是什麼年齡做什麼事，什麼人生階段完成什麼人生使命，既不要提前，也不要滯後。

早戀，就是把以後該做的事，匆忙提前做了；把將來一定能品嘗的甜蜜愛情，給提前透支了。打個不恰當的比喻，人生好比一棵樹，愛情就是人生之樹上的果實，果實剛剛結出來時，又小又生又酸又澀，你還沒等果實成熟，就急急忙忙採摘下來，請問能好吃嗎？你得有點耐心，讓雨露陽光將果實養熟，當果實變得金黃而飽滿，散發芬芳的香味，你再去採摘，便能品嘗到愛情之果的甜美和馨香。

所以說，早戀即使有愛，也是青澀的愛，酸澀的愛，半生不熟的愛，難以下嚥的愛，吃多了有可能會倒胃口的愛。

我這麼說，並非指責讀者黃子衡對班上那位優秀女生的愛慕之情。早戀也是一種戀，不該受到過多和過度的責難。少男少女所迸發出來的情感，至真至誠，純潔美麗，是生命土壤綻放的嬌豔鮮花。但我們要理性的對待這份情感。年輕的黃子衡，要做的事還很多，要走的路還很長。把時間和精力轉移到緊張的學習和健康的課餘愛好上去，多關心國家大事，多參加團體活動，多參加一些有益身心的體育鍛鍊，多看一些文學名著。把握青春，去做自己該做的事，把愛化作純潔友情，把愛珍藏在心裡，這才是黃子衡該做的事情。

我隆重向所有喜歡讀我動物小說的青少年朋友推薦一部電影《花季・雨季》。這是一部青少年的勵志片，電影返璞歸真的演繹了花季少年們美好的青春點滴，對青少年的生活有充分的描述和認識，值得一看。影片主題是以班長謝欣然為代表的同學們在班主任江老師的帶領下，經受了一次次生活的洗禮，在尋常的點點滴滴事情中學會了許多不平常的道理，使他們一步步走向成熟。影片中的劉夏與王笑天是兩位都很有上進心的優等生，相互之間也都有仰慕之心，但是他們在各方面都做到互相幫助、互相扶持、互相督促，共同進步。看看影片中他們倆的相處之道，也許對正處在人生十字路口的青少年朋友會有幫助和啟發。

其實，生活中很多人，在中學階段，都曾萌生過類似的矇矇矓矓的情感。我也不例外。我在中學時代，也曾暗戀過班上一位漂亮聰慧的女孩，當時我也一度痴痴迷迷，課間找機會接近她，放學也盡量創造機會與她同行。有一天我鼓起勇氣給她傳遞一張小紙條表白心跡……終於，我得到了她的回條：「我們都還年輕，請把精力放在學習上。」短短幾行字，對我可算是當頭棒喝了。遭到拒絕後，我痛苦了三天，便很快清醒過來，刻苦努力學習，不再胡思亂想。現在回想起來，她的理性是正確的。學業為重，前途為重，這才是年輕人的最佳選擇。大多數的早戀都會夭折，這也是沒辦法的事。既不必追悔，也不必遺憾。就當是生活的一場預演，就當是人生的一次小小實驗。

黃子衡來信說到，那位女同學要轉學了，他為此寢食難安。黃子衡的心情我可以理解。天各一方，相見時難別亦難，東風無力百花殘，對兩顆相愛的心來說，確實是一種傷痛和煎熬。但我想說，兩情若是長久時，又豈在朝朝暮暮。暫時的分離，對黃子衡和那位女同學來說，或許還是一件好事呢。時間是感情的試金石，看看這份早到的情感是否能經受得起時間的淘洗。假如時間一久，彼此的感情直線降溫，那就請把異性相吸的情感昇華為純潔無瑕的同窗友誼，假如時間久了，彼此的感情仍能保持恒溫狀態，到了談婚論嫁的年齡，那就大膽相愛吧。青梅竹馬，兩小無猜，有情人終成眷屬，也是人生的一大幸運。

總之，面對這份早熟的感情，一定要理智而冷靜，這是青春期的激情，也是青春期的考驗，相信所有青少年朋友都能經受得住這份考驗，既珍惜呵護這份感情，又不影響彼此的學業和生活。

最後，我還想藉著寫這篇文章的機會，向家長和老師提出一句忠告：當你發現你的孩子或學生有了早戀傾向，請不要暴跳如雷，更不要有「狼來了」的恐懼；青春年少，兩顆火熱的心，碰擦出些微火花，沒什麼大不了的，天坍不下來，地球照樣旋轉，一些都很正常。面對已經早戀的孩子，一味的指責於事無補。棒打鴛鴦，粗暴地喝令孩子斬斷情絲，甚至惡言相加，踐踏孩子的感情，蹂躪孩子的心靈，更是一種錯誤的做法。假如身為家長或老師的你，真的這麼去做了，孩子極容易產生逆反心理：你們不讓我們在一起，我們偏要在一起！激情燃燒，生理衝動，做出不明智的事來，釀成一枚難以下嚥的苦果，那就悔之晚矣。最好的處理辦法，就是動之以情，曉之以理，坦誠交流，耐心勸慰，幫助孩子把青春激情引導到正確的生活軌道上來。

青春最率真、最瀟灑、最活力四射。青春萬歲！

品讀

「動物小說之王」沈石溪，一九九七年在臺灣出版了長篇叢林小說《成丁禮》，書中的男主角雖然是個成人，但在熱帶雨林的古宗人眼裡，沒有經過肉體、思想、精神、心理諸方面考驗過，算不上「成熟」。

沈石溪在此書序言中，有一段話很適合引用，他說，十五、六歲，是未成年人與成年人的一條分界線，生理和心理將趨於成熟，這是非常重要的人生階段，告別幼稚，擺脫父母的庇護，逐漸步入成人社會，為將來成家立業鋪設基礎，做好準備，因此，少年和成人，是兩種完全不同的生活範疇，如何順利跨越這個門檻？要經過生活的歷練和考驗。

在本文中，他以散文敘事，語重心長的，再次將青春期男女問題逐項解疑。

全文以情入理，娓娓道來，先藉一封讀者對感情的困惑來信展開「諮詢」，強調「愛情」原是一種健康美好的感情，但對條件尚未完全成熟的人來說，早戀則有種種不利。他鼓勵少年男女應該把精力和時間放在更有價值的學習上，按部就班完成人生的各階段，「不要提前，也不要滯後。」理智和冷靜，是青春期必學功課。

同時，也向家長和老師提出忠告，「動之以情，曉之以理，」才是正確的引導方式，動輒喝罵，是蹂躪孩子的心靈，足見他對少年男女的感情尺度，開明寬容，秉持著愛的教育。

愛是……酸酸甜甜的莓果

不經意中，情愫在心裡悄悄的萌芽，
那顆不敢表白的脆弱的心啊，
反覆承受著歡悅、憂愁、嫉妒、痛苦……
終於化作千百種滋味，暗自裡吞。

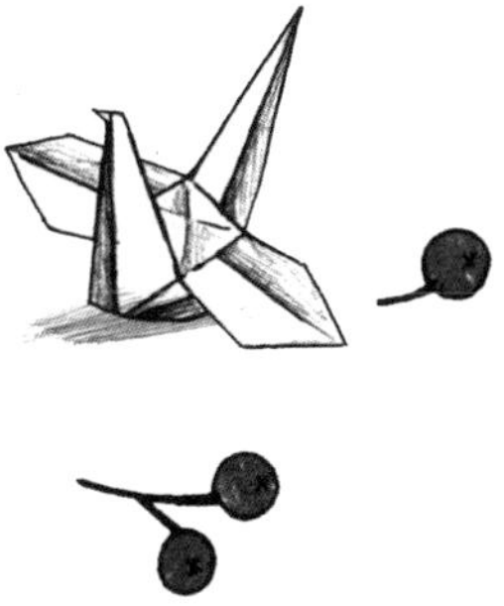

還是心疼

燈下，輕輕翻開初中一年級那本已經變得泛黃的日記本，小心翼翼用食指輕輕觸了觸那層變舊了的內襯，是的，它依然在那裡。

內襯裡藏了一個小小的祕密——一張摺成小紙鶴的紙條。那是一張看上去再普通不過的紙條，然而卻是一張對我發生

作者簡介

唐池子

一九七五年生，湖南長沙人。上海師範大學兒童文學博士。曾任職大學老師、少兒出版社副編審，二〇〇〇年開始兒童文學創作，已發表作品兩百萬字以上，出版理論專著《第四度空間的細節》及長篇小說《心在原來的地方》、《班上來了「大猩猩」》，童話小說集《蜜蜂墻》、《花灣傳奇》等二十多部作品。曾獲冰心兒童文學獎、二〇一三年《中國圖書商報》中國影響力童書等多種獎項。

過非同尋常影響力的紙條。

猶豫著打開小紙鶴，像打開了時光隧道裡的記憶之匣——那麼多的你，含笑的你，沉默的你，唱歌的你，寫字的你，讀書的你……那麼多的記憶，朝我紛至沓來。

我變得慌亂，用手撫平你的紙條，就像試圖撫平那些紛亂的記憶。於是，年少的你紅著臉從對面的課桌前拋出紙條的樣子一下子閃在眼前，剛剛力圖平靜的自己又變得手足無措起來。

為什麼，在你面前，我總是那麼笨呢？

手又有些微抖，像多年前第一次微抖著打開它。

這麼多年了，這張薄薄的紙片對我仍然有力敵千鈞的分量呀！

折成小紙鶴，代表資訊絕密。那天接過你拋過來的小紙鶴，我把它藏在我的筆袋裡，怕別人拿動，居然就把筆袋抓在手裡抓了整整一節課。好容易等到下課，又等到教室裡空無一人，才躲在手彎裡打開來看。

紙條上仍然留著你的字——那兩個沒有寫完的字，每個字只寫了三筆，兩個字一共六筆。那兩個當時簡直要我命的沒寫完的字！

你故意留下謎底，讓我猜你的暗語。而你知道，我是這世上唯一能讀懂這暗語的人！

我一眼就猜出了那兩個字，真是一眼看破，然後那種鋪天蓋地的幸福襲倒了我。我滿臉通紅，把臉藏在課桌裡，一個人偷偷笑了，後來又偷偷哭了。害怕有人跑回教室，我趕緊擦拭臉上的痕跡。

然後，一個人低著不能再低的頭，懷抱著我的幸福，我走出了教室。

這些，我沒能告訴你。

是的，我沒有告訴你，我的天空是從這一天變成玫瑰色的。

是的，我沒有告訴你，從此你的笑容你的背影你的一切對我都有了特別的意義。

是的，我也沒有告訴你，那麼確信，我們可以做一輩子心靈的知己。

我什麼也沒能告訴你，只是對你笑了，笑得像一個花朵。

我以為你懂深沉的花語。女孩子的花語，含蓄而神祕，我喜歡我們之間默默流動的默契和感覺，我那麼珍視著那麼在意著，可是我什麼也沒說。

我默默地努力，把所有想說的話都藏在日記裡，把所有的盼望都存在美夢裡。我以為你什麼都懂。

我相信我們天生都是璞玉，需要經受錘鍊，才能煥發出溫潤的光澤。

我相信越深的感情越沉默，應該一言不發地積累凝聚，然後在最合適的時間如焰火璀璨綻放。

我相信人間的至愛一生一次，這個世界只有你的存在才會對我產生引力。

所有的初戀都是玫瑰色的。我以為我們的也是。

所有的童話故事都是完美的結局。我以為我們的也是。

所有的王子一定能找到他們的公主。因此，我以為你也一定能找到我。

讀《長腿叔叔》，歡欣鼓舞，確信朱蒂一定會明白她的長腿叔叔究竟是誰；

看《簡愛》，堅定不移，始終相信簡愛和羅切斯特一定會重聚在桑菲爾德；

終究流著長長的眼淚，不忍心小王子為了回去照顧他心愛的玫瑰，請求蛇咬一口他的腳踝……

我啊我，天真的我，一直深信不疑地以為，以為你也會像王子那樣，執著地舉著那只失落的水晶鞋，滿世界來找尋我。

我啊我，傻傻的我，一直在熙攘人群中低眉頷首等待，一直靜靜側耳傾聽，等待你那聲輕輕而溫柔的呼喚，等待著你終於叫出我的名字。

就像我只是在玩笑中戲說，長大以後我一定去當尼姑，你馬上臉色大變，反覆追問：「真的嗎？真的嗎？」，然後，紅著臉飛過來那張摺成紙鶴的小紙條，上面赫然寫著兩個費盡思量卻刻骨銘心的字：和尚。

我讀懂了這個承諾，就這樣等啊等，等了多少年，等到青絲依舊在，幾度華髮生。

可是，你，在哪裡？

是因為命運太強大，我們太弱小？是因為夢幻太飄渺，現實太殘忍？還是因為我們太年輕，感情太沉重？

那天，我爬上了我人生中最高的一個陡坡，只因為你跟那個一直暗戀你的女生多說了幾句寒暄的話，我把你們甩下，一個人艱難地踩著單車踏板，像跋涉在沙漠裡的駱駝，爬上了那個長達兩公里的陡坡。青春的驕傲真的足以打破任何世界金氏紀錄。很多同學為我的壯舉在身後尖叫。但是，你既沒有尖叫，也沒有追上來。爬上去的我感到懊悔，也感到了虛空。但是，我既然上來了，就只有往前走，不是嗎？是從這一次開始，我遠遠地把你從身邊甩開了嗎？

還是那次我去宿舍找你，他們卻說你去了圖書館，我到圖書館門口的時候，看見你正在和一個女生快樂地交談著，你滿頭的鬈髮在陽光下閃耀著，懷裡抱著書本低著頭在說什麼好笑的事，那個女生勾著頭咯咯笑著，那個場景為什麼讓我怯步不前了？為什麼我想呼喚你名字的念頭瞬間從心頭消失呢？我突然心情沮喪，轉身返回。我為什麼不願叫喚你，然後在陽光下取代那個女生的位置，勾著頭聽你講一個好笑的故事呢？

還有畢業的時候，在填志願的時候，你真的沒有看懂我那個詢問的眼神嗎？我眼巴巴地望著你：「你報哪？我報北京呢！」可是，你只飛快地掃了我一眼，低聲應了一聲：「我報武漢！」當時我緊緊咬住嘴唇，才終於忍住自己沒說出那句：「那我也報武漢。」當時我多麼希望你對我說這句：「你也報武漢好不好？」知道嗎？我一定會毫不猶豫改報啊！

那麼多年心潮澎湃又如何！我果斷地闔上了泛黃的日記本。心卻還在微微地疼。

多情應笑我啊，怎奈何歲月總無情！

唉，一聲嘆息！

這雖然是場曠日長久的失敗初戀，但對我的影響卻何其深遠啊！

我呵我，笨笨的我，何嘗不如那含沙的蚌，將那初戀的種種酸苦辣全然包容，日復一日年復一年默默地愛，用盡全心去呵護那顆小小的珍珠。直等到年歲增長，當那珍珠終於成形，於是開始光芒四射、如月澄澈，我才真正懂了：那在漫長歲月痴痴愛戀中悄然生成的珍珠，正是那個真實的自己啊，不就是那個獨立、堅韌、充滿夢想和力量的我嘛！

二十年後，在當年老師和同學們的眾目睽睽下，站在講臺上英氣猶存的他，傷感地看了看坐在當年課桌前的我，輕輕說：「我人生最大的遺憾，就是沒能娶到我們班的一位女生。」

淚水瞬間模糊了視線。我又一次把頭藏在課桌裡，這一次心底沒有偷偷笑，卻狠狠地哭了。

當我抬起頭擦拭好臉上所有的痕跡，我想我是試圖拭去所有青春裡的憂傷。

現在，我呵我，堅強的我無比確信，有遺憾的人生，才是真實的人生。坦然接受這樣的真實和憾恨，我們的心靈才能更加純粹和完整。

我就這樣對曾經讓我那麼心疼過的他，這樣輕輕地、平靜地說。

品讀

成年以後，經歷人生的各種體驗，再回想起自己青春期對愛情的認真，不禁失笑，真像喝下一杯「幼稚加天真加幻想」的綜合果汁啊，既甜又酸，更多的是浪漫的苦澀，不具體，不實際，也許僅憑一種朦朧的感覺，就膽敢與對方「生死相許」了！

真的！青春就是跟著感覺走！在「愛情」這兩個夢幻到不行的詞彙裡。

兩個年輕的少年少女，憑著一隻飄飛紙鶴上的兩個字：「和尚」——還是筆劃不完整的一個「啞謎」，就讓純情的女孩以為讀懂了這個重如泰山的承諾！就讓多情的男孩為了一句玩笑話反覆追問：「真的嗎？真的嗎？」

「就這樣等啊等，等了多少年，等到青絲依舊在，幾度華髮生。」

正因為女孩還不明白愛是自由，愛不是占有；正因為雙方沒有真正的相處和溝通，等到畢業填寫報考志願，也就錯失了進一步的可能。

能怪誰呢？只能說，真正的愛情必須攀爬現實的高坡。少年男女還沒有來得及透過「愛」來學習「愛與被愛」。

不過，人生本來就是這樣，正因為純純的愛沒有成為真實，遺憾也就成為一種美麗。愛情的歌詠就是這樣產生的：「兩情若是久長時，又豈在朝朝暮暮」？儘管，這往往只存在於文學的美感中，並不隸屬於現實。

現實中的愛情，不單是一種付出、一種忍耐，更是一種責任。

痛苦與快樂，都是好的

我從小就不太喜歡上學，上國中不久，更感到苦悶與窒息，我總覺得孤獨，又極度渴望孤獨。

國中有兩年的時間，我時常往教會跑。當時班上有位同學，剛受洗成為基督徒，所以她應教會要求，邀請相熟的同學參加少年團契。我去了，教堂裡

作者簡介

安石榴

臺南人，寶瓶座，喜愛動物與自然。曾獲信誼幼兒文學獎、《國語日報》牧笛獎、《中國時報》短篇小說獎等。

聚會的氣氛立刻吸引了我。比起學校，我更喜歡教堂。

當時我只知道那是個基督教堂，爾後才漸漸知道天主教和基督新教的區別。我所屬的教會是新教的一支。教堂有兩層樓，第一層是幼兒園，第二層是寬闊的會堂。樸素的十字架在最前方，俯視著一排排的長椅，長椅上擱著翻舊的《聖經》與詩歌集。陽光照進大片大片的玻璃窗，在長椅之間形成錯落的陰影。我很喜歡教堂裡的光線，但當時，最吸引我的，是個高我一級的同校學長。

對我來說，他是個可望而不可即的完美男孩。他會彈吉他與鋼琴，他對人溫柔，談吐謙和，而且，他生長在基督教家庭。我對自己的出身感到羞慚，不免心生怨懟，怨我父母生來不是基督徒。所以我自認為配不上他，也很難得到他的關注。以我狹隘的心思，我以為每個女生都是愛他的，都想得到他的青睞。如此一來，我便不太記得少年團契都在學些什麼，星期天的主日崇拜，牧師都在講些什麼。我的一門心思，都只想著他。

但我什麼也沒得到。班上有個長得非常美麗又活潑的女孩，她受邀到團契後馬上獲得學長們的喜愛，而那位學長更是特別喜歡開她玩笑，或是與她說話。我很快就得出粗糙的結論：這種差別待遇，只因為我長得不美；如果我長得美，學長就會喜歡我了。這種想法讓我更沮喪。而我的沮喪，使我花掉所有的零用錢買新衣服參加主日崇拜，卻還是得不到他稍稍的注意。我還記得，放學後的聚會往往到黃昏後才解散，那位學長彈吉他，其他人翻著詩歌本一首接一首的唱著。那位漂亮的同學，總是笑得特別響、特別燦爛。黃昏的斜陽射進窗來，那真是成片成片沉重的金色啊，似乎把我壓進深深的地底而無法呼吸。也從那時起，我開始有了黃昏的憂鬱，直到現在，我長這麼大了，偶爾，在某些條件下的黃昏，還會從心底浮起淡淡的悲傷。

後來，學長傳說中的女朋友出現了。她也出身於基督教家庭，他倆從小青梅竹馬，但不同校也不同教會。那位學姊很有氣質，也許沒有我同學甜美，卻頗得長輩歡心，學妹們也都喜歡她。大家說他們是男女朋友，但學長不承認，而學姊默認。我那漂亮的同學更加纏著學長，常要他接送。而我呢，根本什麼都不是，連普通朋友也談不上。雖然仍盼望學長注意到我，但我把那份期盼不知不覺壓抑下來，轉而痛恨起我那漂亮的同學。我討厭她。有次她對我說：「其實妳很美。」她的謊言更叫我氣憤難當。教堂已經不是個讓我愉快的地方了。我主觀的認為，教堂應是一個單純之地，清靜之地，但我的心卻非常不安靜，所以是教會的錯。儘管我受了洗，我卻無法平靜且心存惡念，希望那位同學消失。我跟朋友說，因為那個漂亮同學的行為，使我對教會非常失望。現在想起來，我都覺得羞愧，當時的我好幼稚，我懂什麼教會呢，我懂什麼基督精神呢。帶領少年團契的大姊姊曾憂心的規勸我「別以人廢教」，這勸告只讓我更憤怒，而我認為我的憤怒是有正當理由的。

多麼天真喲，當我寫到這裡時，臉都發燙了。只因為自己得不到，就否定一切，多狹隘呀！耶穌肯定會祝福兩個相親相愛的人的，而我卻意圖阻撓別人相愛，就算我站在學姊那一邊，我的做法也是毫無道理的。學長若果真不愛學姊，只把她當作普通朋友，旁人又能如何呢？況且，我並不真心支持學姊，只是為自己不利的處境發洩怒氣罷了。

不久，學長找我談話，他說他想組樂團，要有人彈鍵盤，所以他想到我。我快樂的不知所以。當他說每個月交三百元當組團基金時，我想都不想就答應了。被學長看重，是件多美好的事啊。等有人到班上收錢時，我就知道苦了，我根本沒那麼多錢。每個月三百元！我一個月零用錢不到一百元，而且都花光了，根本沒錢。我偷拿媽媽皮包裡的錢交給那人。我感到失望和困惑，因為來收錢的是另一個學長，而不是我單戀的那個。我繳了三、四次的錢，錢的來源都是不正當的。後來，我實在無法承受偷錢的罪惡感了，加上主日崇拜的奉獻時間，往常我都能放進幾十元，但那段時間，我只能把五元硬幣緊緊捏在手心裡，不敢讓別人知道我只給上帝五元。我整個人被組團經費給壓垮，整天像條遊魂，終於，我對收錢的學長坦白說，我真的沒錢，我要退出，而且把錢拿回來。我想偷偷把錢放回媽媽的皮包，好假裝這一切都沒發生。我猜想，媽媽大抵知道我偷錢，只是還沒揭穿而已。

那些錢一拖再拖，一毛都沒還我。我在聚會空檔找我單戀的學長，囁嚅提起錢的事。他說組團沒他想得容易，所以要解散了，過陣子，錢會退給大家。但我還是沒拿到錢。被攝入這局的學妹只有我，其他人不會樂器，全都沒被波及。因為這件事，我不再對學長著迷了，他忽然變回一個平凡不過的人。他說的樂團，到底是真是假，我也不想管了。而那幾個月，我天天過得提心吊膽，怕被媽媽揭發挨她罵，最終，連這也沒發生。整段經歷讓我感到虛幻。之後課業壓力太大，便不再參加團契，偶爾上主日崇拜；過了幾年，就只剩平安夜會上教堂；更後來，就都不去了。

現在，我的內心依舊仰慕耶穌，也依舊喜歡教堂。我愛挑高的屋頂與琴聲、歌聲融合共鳴產生的神聖感。我仍以受洗的基督徒自居，雖然我不再參與任何聚會，但，這與我的人生觀有關係，而不是因為那段荒腔走板的單戀。那段經驗，讓我後來幾年常感難過，我應當寬容我那美麗的同學，但我當時不僅沒有善待她，也沒善待自己。

多年過去，我逐漸釋懷，不再責怪他人與自己。大家都年紀小，做出了傻傻的事情，但是誰都沒有真正傷害到誰，事情就是自然而然的發生，如此而已。然後大家都長大了，有各自的愛戀，也有各自的幸福與悲傷。

此時回想起來，那些過往，那些曾經有過的感受，或許痛苦或許快樂，但都是好的。人們相聚而後分開，自然得就像雲朵的聚散離合，生命就是如此輕盈多變，無法掌握，才會顯得那樣可愛啊！

品讀

這是一個文筆細膩的單戀故事：性情孤獨的國中女孩，因為參加校園團契，「愛」上了一個「會彈吉他與鋼琴，對人溫柔，談吐謙和」、「可望而不可即的完美男孩」。她暗中愛慕，不但為情牽絆，還為了增加他的注意力，花掉所有零用錢，買新衣妝扮自認「長得不美」的自己，甚至，為了加入男孩邀約的樂團，一再偷拿媽媽的錢繳交經費；但最讓她內心糾結的，還是那如影隨形的「情敵」所帶來的不快。

文章讀來絲絲入扣，層次漸進的心理變化，赤裸坦誠，幽微苦澀的少女情懷，讓人心中為之一震！是啊！這不僅是初戀，還是隱密的單戀，對一個十五、六歲的女孩來說，是情感上不可承受之重！

苦悶、焦慮、怨懟、憤怒、嫉妒、憂鬱和悲傷，一個情感失意者的所有負面情緒是複雜痛苦的！從人性的角度來看，更是無法避免的弱點，幸好，心性善良聰慧的女孩，幸運度過了這段非常時期，也從中得到可貴的成長經驗。

作者對自己說：「只因為自己得不到，就否定一切，多狹隘呀！」是的，不妨回想我們自身的童年，也許會因為鄰家大哥長得很帥而決定「長大要嫁給他！」；也許會因為喜歡班上同一個女生，彼此莫名其妙大打出手，荒謬的是，人家女生誰都不甩！

真的都傻得可愛，但也都會慢慢成熟的，對不？

下次我要贏過妳

上大學以前，我完全沒有戀愛經驗，說起來，根本不可能有談戀愛的機會，大概家教嚴格的關係，中學六年我都不敢跟哥哥以外的男生說話。

青春期害羞、膽小的我，對愛情依然充滿嚮往，但思慕的心情只能寫進日記簿裡，那裡頭有我大量的憧憬和幻

作者簡介

賴曉珍

一九六七年生於臺灣臺中市，淡江大學德文系畢業。曾獲金鼎獎、《中國時報》開卷年度最佳童書獎、九歌現代少兒文學獎、《國語日報》兒童文學牧笛獎、洪建全兒童文學獎、臺灣省教育廳兒童文學獎、上海童話報金翅獎、好書大家讀年度最佳童書等獎項。作品有《狐狸的錢袋》、《小小猴找朋友》、《魔法紅木鞋》、《香草金魚窩》、《花漾羅莉塔》、《銀線星星》、《大石頭的路肢窩》、《兔子比一比》、《泡芙酷女生》等。

想，甚至還有幾篇愛情小說的習作，常常是看了某些純愛電影之後內心激盪產生的火花跟靈感。

其實我有假想的戀愛對象，只是當時不懂愛情的我，跟假想的喜歡的男生之間，竟然是一種互相「比賽」的關係。

讀小五、小六的時候，我喜歡班上一個男生，後來聽同學傳了八卦，說他也很喜歡我。那個年紀的孩子，哪知道「喜歡」是什麼？仔細回想，大家喜歡的通常是班上功課好的男同學和女同學，至於功課不好或是比較沉默的孩子，就像害羞的百合花靜靜窩在角落裡，總是被忽略。

當時我們兩人是班上功課最好的學生，常常爭奪第一名。記得有回我考了第一，發成績單時，他故意走過我桌子旁，停下來小聲跟我說：「下次我要贏過妳。」

這句話我始終記得，從此好像產生某種默契似的，我們兩人之間一直在「比賽」。

他的體育比我強，是班上的賽跑和排球選手，我卻是全班跑步最後一名。至於音樂，他歌唱得比我好，被選入合唱團，不過我會彈鋼琴，這點贏過他。作文和美術，雙方成績差不多。記得有一回，為了全市的童詩繪畫比賽，老師要我們星期天去家裡畫畫。嘴巴上雖然嚷著：「好倒楣喔，星期天竟然要去老師家。」，可其實兩個人心裡都感覺甜蜜蜜的，彷彿一對小情侶假日要去約會。

那天老師並沒有一直盯著我們，她忙著做午飯和到後頭幫師丈洗衣服，所以我們可以盡情地邊畫畫邊聊天。那次比賽好像他得獎，我落選了，可是如今回想，比賽成績完全不重要，之後永遠留在記憶中、幾十年都不褪色的，是兩個孩子在一起畫圖，彼此交換創作意見的愉快身影。

記得在課間活動跳土風舞時，我多希望能跟他分配為一組，手牽手跳舞。當然，這種渴望只能藏在心底。我們讀的是純樸的鄉下學校，那個年代的孩子，即使跟喜歡的男生跳土風舞，兩隻手中間還必須抓一根小棍子，誰跟誰如果「不小心」真的牽手了會被同學取笑。當年，每張課桌中間都有削鉛筆刀割出的一條深長的「楚河漢界」，男女授受不親，不可以超過線。不知道這是傳了幾代的規矩？

小六下學期，我的總成績是班上第一名，他是第二名，畢業典禮我領了市長獎，他領議長獎，唱完驪歌大家各分東西，告別了天真爛漫的小學年代。

兩個月後升上國中才發現，真巧，我們都越區就讀城裡的學校。但是明明只隔了一個暑假，很多事卻變得完全不一樣。我就讀的國中是重點升學學校，男女分班，教室離得很遠，校規很嚴，不准男女學生在校內交談。身為乖寶寶學生的我，雖然感到困惑：「為什麼不能跟男同學說話？」但還是默默地接受學校的規定。

有時課堂間無聊看著窗外，我常幻想能在校園裡「偶遇」那位喜歡的男同學，不料有次中飯時間真的遇上了，彼此隔著操場大約三十公尺，他跟一群同學在說話，我當場呆掉了，臉紅到耳根，不知道怎麼辦才好，最後竟然轉身拔腿跑進女生廁所躲起來。

唉，為什麼不能大方一點呢？我覺得很懊惱。事後還擔心，他會不會因為我的「奇怪」舉止變得討厭我？

我不敢寫信給他，也不能跟他說話，只是毫無頭緒地胡思亂想，心裡又開始了那個「比賽」的遊戲，猜想如果我的功課比他好，他應該還會喜歡我吧？苦悶的國中三年，我只能用功讀書，將心中對愛情的幻想和渴望，都轉化為背書的動力。後來我果然考上省女中，他上了省一中。

高中對我而言最珍貴的是同學的友誼，除此之外，那三年我過得很痛苦。在生了一場不大不小的病之後，我突然對「讀書」這件事完全提不起勁，常常問：「人為什麼要讀書？為什麼要上大學？」我的課業成績一落千丈，上課不專心聽講，回家讀小說，聽廣播，週末跟父母說要去補習，其實是躲在戲院裡看電影。父母對我無可奈何，有時叨念了幾句，我心裡就感覺生氣又充滿愧疚感。

每學期末我都面臨數學補考的壓力，一旦荒廢了的功課很難再追上，課堂老師說的我全聽不懂，沮喪、挫折感愈來愈深，總覺得世界上沒有人了解自己。為了逃避課業，我花在幻想、寫日記的時間比讀書還多。直到升高三的暑假，突然警覺到如果考不上大學，這輩子大概沒有臉再見那位喜歡的男同學了。憑著這個傻念頭，高三才開始讀書，期盼自己別「輸」得太多。

只讀一年書，成績自然不可能突飛猛進，放榜時，我吊車尾上了北部一所私立大學文學系，而對方考上了南部某國立大學的工學系。在大專聯考的比賽上我輸了。

上了大學後，一切又變得不一樣，彷彿只要通過中學六年的磨練，就可以領到「合法證書」談戀愛了。我終於呼吸到自由的空氣，學校和父母再也不會干涉我跟男生說話和交往。大一暑假參加小學同學會，懷著羞怯、忐忑不安的心情，終於見到那位喜歡的男同學。也許是太多年沒見，也可能是我們長大改變了，大家的聊天內容顯得乾澀，彼此有點尷尬。我才發現，儘管那位男同學非常優秀，但不再是我喜歡的男生了。這個「結果」令人莞爾，我不禁笑自己，今天為了出門在鏡子前不知照了多久，只想讓對方看到最漂亮的自己。很可惜，「青梅竹馬」終究沒有談成戀愛。

不曉得他還記不記得小學時跟我說過：「下次我要贏過妳。」，但他一定不知道在我慘綠、憂鬱的中學六年，時常在心裡幻想要跟他「比賽」，藉此激勵自己用功讀書呢！

品讀

這是一個充滿正向能量的初戀故事，「風花雪月」只出現在女主角的日記本和杜撰的愛情小說裡。

事實上，青少年在身心發展期間，對異性產生微妙的情愫是很正常的，但也因為各別差異，許多初戀者的心路歷程雖不盡相同，結局卻多半「往事只能回味」，化作青煙一縷。

有趣的是，本文作者將心中對愛情的幻想和渴望化為異性相互間的競爭力，正因為兩人是班上功課的好學生，男孩的一句：「下次我要贏過妳！」激起她一比高下的鬥志。其實，一種好強的「比一比」，也隱含著要好好表現，以博取對方喜愛和敬重的心理。而在細節描述中，讀者感受到更多的，是「兩小無嫌猜」天真和甜蜜的愉悅感。

及至高中，女孩面臨課業壓力，一度厭學，可是，憑著「這輩子大概沒有臉再見那位喜歡的男同學」的念頭，又為一個希望振作起來了。

讀到這裡，讓人感到一股不可小覷的愛情力量——哪怕這種愛其實是矇矓的、空幻的，但確是可以激勵自己獲得他人的喜愛與肯定。譬如上中學的時候，男生女生都很可能悄悄傾慕某門學科的老師，為了博得稱讚和喜愛，會特別用功贏取高分。所以換個角度，無論「假想敵」也好，「假想情人」也好，都有可能成為一種生命的動力，鼓動自己積極面對人生的挑戰！

那一年，我十五歲

愛情是人人憧憬、渴望長久擁有的，但這世間，真正能擁有美滿幸福人生的愛情，究竟有多少？相信很多過來人，都從中嘗到了不少苦頭和無奈！忍，相敬如賓、相安無事，應該就是男女、夫妻相處，最大的幸福。

這個年代的每一個成人，幾乎都有

作者簡介

林煥彰

一九三九年生，臺灣宜蘭人。寫詩畫畫，並從事兒童文學創作、講學和閱讀推廣。著作出版已逾百種。部分作品譯成十餘種外文，並出版八種外文單行本。童詩及小品文有三十餘首（篇）編入新加坡、中國、臺灣、香港、澳門中小學《語文》課文及教科書。曾獲中山文藝獎，洪建全兒童文學獎、陳伯吹兒童文學獎、冰心兒童文學獎、宋慶齡兒童文學獎，中華兒童叢書金書獎、澳洲建國二百週年紀念現代詩獎章等十餘種獎項。

過談戀愛的經驗，而且每個人的經驗，都有相同和不相同的際遇，箇中酸甜苦辣，唯有當事人最能體會，能寫得出來，又篇篇生動的，就得仰賴一支支生花妙筆；我這篇短文，只為應命而寫，僅能聊備一格，自然沒有海誓山盟的動人愛情故事，自己覺得寫來乏善可陳，只是少年時期剛要冒出來、不成形的一點情竇的小芽兒，就被自己把它擠壓下去了。

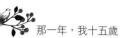

不過，回憶總是美好的；我認為能成為回憶的每件事情，在一個人的生命中，一定是有它的意義。我要回憶的那一年的那一件事情，是我十五歲時發生的，什麼都不懂。

那一年，我在基隆，第一次走出農村，離開母親，做一個離鄉背井的遊子；井，是很重很深！在鄉下，我們老家的村子裡，閩南式的傳統建築三合院，每一落中庭都會有一口井，我們習慣叫它古井；有的很深，有的很淺，但泉水整年都不枯竭。在我的印象和認知裡，我認為井是背不動的！但不知哪位古人，在哪個朝代，竟然這麼厲害，能想出「離鄉背井」這一句成語，形容遊子常年在外、心裡背負著的那份沉重的鄉情！

我第一次離家就深深感受到、那還未脫離童年的少年情懷，是這麼樣的沉重，背得好累！只短短的十個月，我就背了一生，直到現在，六十年都過去了，我仍然在我的故鄉以及他鄉，時而會想起那件事情！其實，那件事情，認真說來，什麼事也沒發生，可是它又一直擺在我心裡，從來也沒說出來；是不是就因為那是從來也沒說出來，所以才會一直讓我老是牢牢記得這件沒發生的事情！

那時候，我小學畢業了，在農村、在家裡，當了兩年牧童，和堂哥一起學種田；說「學種田」，其實是不甘不願的跟著堂哥走！那時候，只因為自己沒有考上中學，不能念書，當然就得很無奈的聽著使喚，才常常哭哭啼啼，和堂哥早也下田，晚也下田；颳風、下雨、晒太陽、挖泥巴、插秧、除草、割稻、放牛、種菜……甚至上山割芒草、砍樹枝，樣樣都得跟著來！做這些事，在我那樣的年紀，我實在是做得很辛苦！就因為做得很辛苦，我常常不甘不願的，在堂哥面前使性子，耍無賴；看在堂哥的眼裡，不知是他難過、疼我，還是同情我？他竟斷定我不是種田的料子！有一天，就搭著火車，坐兩三個小時，從宜蘭礁溪、把我帶到基隆，去當學徒。其實，我堂哥大我沒幾歲，把我送走之後，種田幹粗活的農務，他就少了一個幫手；自己就得更認命的守著那幾畝水田——一個人孤苦的無黯無日、風雨無阻，天天要下田去幹活……

我在基隆當學徒時，是在一個家庭式的肉類加工場工作，學習製作肉鬆、肉脯、肉乾、香腸等等。老闆堅持所用的材料，都是要上等的黑毛溫體豬肉。當學徒，說句公道話，是比在農村種田輕鬆許多，而且，餐餐有魚有肉，天天都在屋裡晒日光燈，不用淋雨晒太陽；我做了十個月，就被養得白白胖胖。

當然，我這篇短文要寫的重點是，那件始終沒發生的事；我自稱是一種「暗戀」，而且是我這輩子唯一的一次「暗戀」！那是怎麼發生的？現在想起來，已經十分模糊，只能說那是在自己的心裡，暗自湧動的一種思緒，初次對異性產生愛慕之情；那時候，我既不懂也不敢說出來，不懂如何表達！

　　我的「暗戀」的對象是，老闆的外孫女。她在念中學，住在隔壁，我天天有機會看到她好看可愛的模樣、聽到她甜美好聽的聲音，在眼前穿梭著，像蝴蝶，像小鳥一樣輕巧優雅。她家開豆腐工場，我和她弟弟滿合得來，有空時就常玩在一起，所以有更多的方便，常常會留意她，偷偷欣賞她；我現在想來，一定是因為自己有自卑感，自尊心作祟，不敢高攀等等緣故，只有把那份愛慕的純潔情愫，深深埋在心底！沒想到那一埋，就是一輩子！我至今想起，還會覺得惋惜！可是她真正的美好模樣，早已模糊、無法描繪成形！我真不懂，這算不算是一種愛情？沒有真正談過戀愛的，應該不算！只有自己單方的愛慕，暗中自以為是的美好的想像，哪能算數？

沒有嘗到愛情的果實，自然也就沒有甜美或苦澀的問題。這份莫名其妙的「暗戀」，只能說是個人人生成長過程中，一種幼稚、無傷大雅的荒唐心理作祟吧！我離開那裡，是因為我父親幫我重新安排了一項新工作；之後，對於這樣美好的情愫也因為新工作的不如意，更不敢藉機會回頭去探望她。那種才剛萌發的愛苗，自然無法抽長，時間一久就逐漸淡化。可是六十年過去了，我還是會想起這件事情，是很單純的一件沒有發生的事情。

我一向都不積極，是個性使然吧！我也很相信緣分，一生過得低調平淡，如有挫折，都盡力忍受，似乎相信冥冥之中，上蒼自有安排。我不懂得經營人生，也不懂得經營愛情，默默接受命運的安排；尤其對於男女友情、愛情，都順其自然，不做強求。這就是我的人生。

品讀

十五歲那年，失學少年林煥彰，獨自離開家鄉，到四小時車程遠的基隆當學徒，單調忙碌的生活中，發生了一件「什麼也沒有發生」的事！這段小小的「愛情默片」深深埋藏了六十年！他說：「什麼事也沒發生，可是它又一直擺在我心裡，從來也沒說出來……」

這是一篇與眾不同的憶舊散文，文字厚重樸實，充滿感情，除了讀到一個農村少年的成長甘苦，也認識了無論在什麼環境、什麼條件下，都無阻一個人感情上的自由想像和飛揚。

一九九四年十月，國際少年村出版了詩人林煥彰的散文《人生禮物》，其中收錄五十七篇兒童散文，為艱辛的成長生活留下動人的紀錄。

在他坦誠真實的敘述中，我們讀到的是生活裡的汗水、淚痕，及苦作交迫的困頓，也看到作家堅忍、奮鬥、力爭上游的勇敢和努力，更難能可貴的，這個勤奮靈敏的少年，最終用「自學」改變了一生的命運。

是的，儘管現實也偶為石塊擋堵，繞路而行依樣柳暗花明。

就用欣賞一朵清晨露滴玫瑰的心情，欣賞夢中情人的霧中影，如同翻開自己的詩頁輕輕朗讀：

我在一個地方，想妳
有水聲、鳥聲、風雨聲　有
鋼琴伴奏的聲音……
……
等妳，我把一顆跳躍的心

收藏在針尖之上，日日夜夜
孤孤單單的，等妳。

林煥彰〈想妳，等妳〉

愛是……天外飛來的乒乓球

當愛來臨時，就像天外飛來的小球兒，
讓人手足無措，不知如何招架；
在學習愛、接受愛、拒絕愛的過程裡，
且以寬容的心，包容所有荒腔走板的姿勢吧！

那年暑假

那年暑假，有好些日子是這樣度過的。

上午待在家裡，無所事事，無精打采。午後，當太陽斜照在對面屋子窗櫺上的時候，巷子裡陰了下來。這個時候，我的一天才真正開始，太陽西沉了，而我心中的太陽正冉冉升

作者簡介

彭學軍

湖南長沙人，一九八九年開始發表作品，現為江西二十一世紀童書出版社編輯。著有長篇小說《終不斷的琴聲》、《你是我的妹》，中篇小說《長髮飄零的日子》，短篇小說《油紙傘》、《午后》及散文集《紙風鈴 紙風鈴》等，多次獲獎。

起。

等到我的「太陽」如日中天的時候，就再也待不住了，進屋換上最喜歡的藍格子的裙子，想辦法擺脫兩個妹妹的「糾纏」，歡欣鼓舞地出門了。

我去同學芳芳家玩。

快到大門口的時候，我會放慢腳步，並努力把心跳也放慢，耳朵努力捕捉期望聽到的聲音，沒有！裡面很安靜，我的心跳就真正地慢了下來，但還是打起精神走了進去。

這是一幢老房子，裡面很陰涼，進門是一個很大的廳堂，中間放了一張乒乓球桌子，桌子很寂寞，沒有一個白色的小球在上面跳來跳去。我盯著它使勁地看了一眼，就穿過廳堂，來到最靠裡的一間廂房，那是芳芳的家。

芳芳很高興我來找她玩，她正在學織一副露指的手套，說冬天戴著寫作業手就不會冷了。她見我來了，放下手裡的活兒要和我玩跳房子，可我一點興致也沒有，和她不鹹不淡地聊一會兒，就回家了。

但如果走到大門口放慢腳步和心跳時、能聽見裡面傳來打乒乓球的聲音，情況就大大的不同了。我會下意識地用手捂住嘴巴，不是怕裡面的人聽見我驚喜的叫聲，而是害怕驟然像乒乓球一樣蹦跳的心會跳出來。鎮定了一會兒，我裝著若無其事的樣子走進去。

「芳芳在家。」芳芳的哥哥陳凱達聲音朗朗地對我說，我就知道他肯定贏了好幾個球，心情不錯。如果是輸了球呢，他就臭著一張臉，對我視而不見。但無論他對我怎樣，一丁點都不會影響我見到他時的無比歡悅的心情。

走到裡面和芳芳打了個招呼，沒多久就會有一個球如我期望的那樣滾了過來，立馬撿起來跑著送到陳凱達的手裡，正要離開的時候，又有一個球在身邊蹦達著，我撿起來，等著他打完手上的球遞給他……這樣，就順理成章地忙碌起來——幫他撿球——我來，就是為了幹這個的。

一共有三個球，我得保證他總有一個球可以打，而又不用自己撿球。我只把球遞給陳凱達，對他的對手視而不見。對手是不固定的，高矮胖瘦，一概都沒印象，只知道陳凱達瘦瘦高高的，平頭，頭髮很黑，眼睛細長，嘴脣肉肉的，耳朵下面有一顆痣。就這些，好像很平常，但我不可救藥地喜歡著他。

屋子裡雖然陰涼，但畢竟是流火的七月，一會兒，就和打球的人一樣汗流浹背了。但我樂此不疲，在院子裡跑來跑去，以最快的速度把掉在各處的球撿起來遞到陳凱達的手裡——有的時候，我的手會碰到他汗涔涔的手，這讓我又歡喜又害羞——覺得可以永遠這樣跑來跑去地為他撿球，只要他永遠在打乒乓球。

陳凱達的球技怎麼樣？無法判斷，我不會打乒乓球，而且，我全力在做的，是跑來跑去地撿球。不過，每當聽到他「嗨」地大叫一聲時，我就會渾身一振，看著他俯側著身子，右手大力一揮拍，球「嗖」地落在一個對手不可能接到的角度上，「好球！」就連對手也忍不住喝采道。陳凱達咧嘴一笑，牙齒很白，然後歪著頭，在肩上蹭了蹭汗——他不用手抹汗，也不用胳膊，而歪著頭，用肩膀蹭。我對這個動作有說不出的喜歡，並在流汗的時候也試著用肩膀去蹭，這樣做的時候感覺很美妙。

若是對手抽球陳凱達沒有接到呢？「ＸＸＸ」他會很粗野地罵一句髒話。一個小女孩聽到這樣的髒話應該很反感吧？可我無動於衷，他罵多少「ＸＸＸ」都絲毫不會減損他在我心目中的形象。

有一回，球滾進了牆角的一個土洞裡，可能是老鼠洞吧。我伸進手去掏，可洞很深，搆不著。雪上加霜的是有一個球被誰不小心踩破了，球供不上了，我很著急，好像都是我的錯。

陳凱達過來了，看了看那個洞，叫我弄點水來。我端來一盆水，陳凱達倒進去，一會兒，乒乓球就浮了上來。陳凱達衝我得意地眨了眨眼睛。這樣一來，事情就更加不可救藥了，他立馬成了我心目中最聰明的人。

從芳芳家出來，已是做晚飯的時候了，我一路小跑著回家——不知兩個妹妹在家乖不乖？媽媽下班回來了嗎？壞了，媽媽交代過，要我下午去郵局給外婆寄一封信，再順道到菜場帶一把小青菜回來，還要把冬天的衣物搬到天臺上去晒一下，都一股霉味了，前段時間落雨落得太久了……可我把這些都統統忘到了腦後。快到家門口的時候，聽見小妹妹在哇啦哇啦地哭，媽媽在激動地說著什麼，聲音很響……我知道這會兒進去是什麼後果，可我別無選擇。

但無論受到什麼樣的懲罰都不能阻止我對芳芳家的嚮往。我一次一次地去那裡，不辭辛勞地幫陳凱達撿球，看他雷霆萬鈞地抽球和用肩膀蹭汗，聽他粗魯地罵「XXX」，直到發生冰棒「事件」。

對我來說，那真的稱得上是「事件」。

那天下午，陳凱達打得很順手，連抽幾球，把對手抽得死死的，毫無還手之力。陳凱達心情很好，說又累又渴，歇一下，然後掏出一些零錢，叫芳芳去買冰棒。

「我去我去！」我立馬自告奮勇地叫道，我願意為陳凱達做任何事。

一路跑到食品店，門口有一個買冰棒的老太太。買了冰棒用手絹包好，雙手捧著往回跑。快點快點，我在心裡對自己說。天這麼熱，不能讓冰棒化了，要讓陳凱達看看，我有多能幹，多會辦事，多……壞了！我踩到了一塊西瓜皮上，身體往前撲去。就算粉骨碎身我也願意，只要手裡的冰棒好好的——這是我和那幾根冰棒重重地摔在地上的前一秒鐘的念頭。

被太陽曝晒得滾燙的石板路貪婪地舔吮著清涼香甜的冰棒，我痛惜而又絕望地看著，對摔得血紅的膝蓋和胳膊肘兒幾乎感覺不到痛。

現在，我該怎麼辦？回去告訴陳凱達，我摔了一跤，冰棒給石板路吃掉了？天啊！我怎麼說得出口？他又累又渴，等著吃冰棒，我這樣空著手回去，他會是什麼樣的表情？會不會很粗魯地罵道：「ＸＸＸ！」

我站在白花花的太陽下，看著一灘汁液中幾根無奈的冰棒棍，心裡無限悽惶。我無法應對這樣的局面，於是，只得逃走——其實，這是最糟的，所有的人都會以為我「攜款潛逃」了，可我管不了那麼多，只想著躲開眼下。

後來，我沒再去過芳芳家，開學後也沒見到芳芳，聽說她家搬到鄉下去了。

我還會想到陳凱達，想他的時候就會用肩膀蹭蹭汗——儘管臉上根本就沒有汗。不過，沒多久，我就放棄了這個動作，學會從衣兜裡掏出疊得方方正正的花手絹斯斯文文地擦汗了。

那個時候，我大約十歲。

成人之後，再去看那段感情，感覺就像是得了一場病，不知怎麼一來，突然就病了，然後，慢慢又好了，好了之後，一切完美如初，只要不是得天花，一點痕跡都不會留下，除了一段純美而又雋永的回憶。

品讀

這篇作品且當漫畫、動畫、默劇或滑稽短片來讀，邊讀邊讓人發笑，最後又有點感動得有點兒哭笑不得了。除了活潑生動的畫面感，作家的妙筆，把一個十來歲小女孩「我」，刻劃得天真爛漫，鮮活細膩。

全篇貫穿小女孩「不可救藥」的愛慕同學的哥哥——一個瘦瘦高高、平頭、黑髮、細長眼、嘴唇肉肉、耳朵下有一顆痣、笑起來牙齒很白、愛打乒乓球，流汗了就用肩膀蹭汗、甚至會罵粗話的男生形象。不管怎麼說，情人眼裡出西施，「我」就是覺得這一切都很美妙。

於是讀者看到小女孩成了殷勤的球僮，跑來跑去忙得要死的一直幫著撿球，忙得忘了很多媽媽交代的家事……直到出現一個欲速則不達的結局，簡直讓人噴飯！

生活如流雲，來來去去，許多當年天大的事，現在早已不值一提；有些雖然也收成一個小點，若有似無了，可是印象仍然深刻，可以用文字重新還原實境，引起共鳴。

古人問希臘哲學家蘇格拉底：「做為當今最有智慧的人，您認為這世界上有純潔的愛情嗎？」蘇格拉底回答：「如果你長著一雙盛滿愛的眼睛，就能看見純潔的愛情。」於是我很有興趣的想追問，一旦純潔的感情面對強大的現實挫折，是不是就退縮與變質呢？譬如「冰棒事件」。

「請你不要為難一個十歲小孩的愛情好嗎？」

於是我被作者狠狠的白了一眼。

躲避球和紅草莓

現在回想起來，對於那些曾經喜歡我的人，以及我曾經喜歡的人，我都想跟他們說一聲謝謝。因為，就是有了他們，我才會成為現在的我。

當然，那時的我並不會這樣想。

那時的我，還太年輕。年輕到不

作者簡介

林芳萍

臺灣大學中文系畢業，美國休士頓大學幼教碩士。兒童文學作家及大學兼任講師。著有兒童散文《屋簷上的祕密》，兒歌《誰要跟我去散步》、《我愛玩》等，圖畫書《紅花仔布的祕密》及圖畫書翻譯《永遠愛你》等七十餘冊。曾獲宋慶齡兒童文學獎、金鼎獎優良圖書推薦獎、陳國政兒童文學獎散文首獎、信誼幼兒文學獎文字首獎等。

懂得怎麼去喜歡一個人和被一個人喜歡。

那一年，我才剛剛從小學升上國中。

那個年代的國中，幾乎都是男女分班制。因為學區與命運的安排，我被分派到一所高中附屬的實驗國中部就讀，成為第一屆男女合班的白老鼠。從此，翻開了我青春的第一頁。吱吱吱！

第一章　躲避球

上了國中，在大人的眼中，我們就不再是小孩子了。就連我們自己的身體和心理，也急於跟「幼稚的小學生」切割，一心想成為「成熟的青少年」。

雖然如此，有時候我仍不免會懷疑：

我們心理的成長速度是否能夠跟得上身體變化的腳步？

這個疑惑，每當到了一天的打掃時間，就會隨著鐘聲，在我的心中噹噹響一遍。

請想像一下，當你看著一群同齡的男同學，有的甚至已經高過男老師一個頭了，居然在教室裡拿著掃把當機關槍，桌子當堡壘，一顆躲避球做炮彈丟來丟去，天天上演一部流彈四射的戰火浮生錄時，你一定會跟我有同樣的疑問：

「這，實在太幼稚了吧？」

儘管我心裡這麼想，也只能在每一天的這個時刻，小心翼翼閃過飛竄的躲避球，避免成為無聊戰火下的犧牲者。沒想到有一天，那顆炸彈正巧不偏不倚擊中了我！

當下，除了痛，我還不曉得發生什麼事。接著，不知道從哪裡冒出一個聲音，對著那個打到我的男生說：「快去跟廖○○道歉！」此話一出，所有的男生全都一起曖昧地發出震天響的爆笑聲。

打到我，卻要跟廖○○道歉？這是什麼邏輯啊？我的腦子可能因為被球打到，一下子空白，呆呆愣了好幾秒鐘。

等回過神來，轟的一聲！我的國中生活，從此被炸成了碎片。

第二章　紅草莓

這個廖○○，我們這裡暫且稱他為廖哥哥吧。廖哥哥在班上有許多哥兒們。這一幫人知道他的心思之後，便常在一旁敲邊鼓、瞎起鬨。

排隊，廖哥哥會排在我附近；分組，他跟我同一組；不論輪到我抬便當、還是當值日生，總是有人剛好有事，換成了他。先前我從不察覺有異，後來細細推究起來，原來這些都不是巧合！

現在的我，已經可以理解那是國中男生之間的義氣；但對當時的我來說，這批後援部隊的做法，卻是適得其反，讓我對他更加的反感。因為，我根本不喜歡他嘛！

有一次，我發現桌上又被人擺放了一粒紅草莓，長期被騷擾的怒火，再也無法壓抑，瞬間引爆開來！我朝著前座一個無辜的男同學（誰叫他剛好是廖哥哥的好朋友），咬牙切齒憤憤地說：

「請這個放草莓的人，不要再做這種無聊的事了！」

可憐那個男同學，從來沒看過我生氣的樣子，嚇得臉一陣紅一陣白。我猜他肯定趕緊傳達了我的意思。廖哥哥跟他那群死黨，似乎稍稍收斂了一些。

正當我得意反守為攻的戰略奏效時，有一天中午，輔導室的主任把我找去了辦公室。

這位媽媽模樣的輔導老師，和顏悅色微笑著，說話拐彎抹角繞半天後，我終於聽懂她的意思。大意是廖哥哥因為這陣子我對他的敵意，傷心到無法好好念書，已經數度進出輔導室一段時間了。說完，主任像德雷莎修女般慈愛的望著我，問：

「你願意和我一起來幫助他嗎？」

第三章　班導

喜歡一個人，不能放在心上、默默喜歡就好了嗎？一定要敲鑼打鼓，昭告天下嗎？何況落花有意，流水無情，又何必死纏爛打，造成對方的困擾呢？

這些幼稚的男同學，什麼時候才會真正長大，成為一個像我們班導那樣有著翩翩風度，成熟又穩重的男人啊！

算一算年紀，班導那年也只是個剛從學校畢業的大學生而已。但在我眼裡的他，戴著徐志摩的黑框眼鏡，一派斯文。一口英文，字正腔圓。東西文化在他身上兼容並蓄，融合得恰到好處。

更難得的是，班導雖然是我們的英文老師，卻更看重我們的中文學養。他在班上找了幾個對文學創作有興趣的同學，組成一個詩社。

每個星期六下午放學後，領著我們一起讀詩、寫詩，使我單調的國中校園生活，因此增添了幾些浪漫氣息。

記得有一次，班導在課堂上說他最喜歡看兩個人的週記，其中一個就是我。這簡直是莫大的鼓舞啊！從那之後，我可以把自己關在房間裡，一寫好幾小時不出房門一步。因為，寫週記的時候，就像在跟班導說悄悄話呀。

可惜這樣的日子，沒有過多久，就傳來班導決定出國去念研究所的消息。我一聽到，立刻陷入一種無助的絕望。沒有了班導，沒有了詩社，還要繼續忍受廖哥哥跟他那群死黨，加上聯考在即，我的國三生活，正式進入悲慘的黑暗時期！

畢業之前，班上瀰漫著一股離情依依的氛圍。以廖哥哥為首的那群人，開始鼓吹大家將原本排名第二志願的高中部填為第一志願，以表忠貞愛校之心。雖然我也同樣愛校，但一想到高中三年又要被廖哥哥那群人糾纏不清，說什麼我也不願意！

就這樣，我化拒絕的決心為讀書的動力，那段日子，除了讀書，還是讀書。一想到廖哥哥，又更加倍用功讀書……

第四章　告白

聯考放榜，廖哥哥一干人等，果然真的成為高中部的學生。而我也如願考取第一志願的女校，穿上綠衣黑裙，進入另一個少女情懷的階段。

隨著時間過去，國中時期的那些人物，逐漸在我的記憶裡淡出。

直到大學畢業後，有一天，我接到了一通電話。

「你還記得我嗎？」電話那頭說：「我是你的國中同學。」

這聲音聽起來既陌生又熟悉，但我還來不及反應，他便一股腦兒繼續說下去。彷彿若被打斷，就再也說不出一個字似地，打定主意要一鼓作氣全部傾吐出來。

他說，他就是那個放草莓的人。當年他的功課不好，兩次聯考都沒能考上好學校。這些年來，鼓舞著他努力讀書的最大動力，就是為了考上第一學府的研究所，打這通電話約我出去！

聽到這樣的告白，我的內心既感動又受寵若驚。腦海裡浮現出前座的那個小男生，被我不分青紅皂白指責時，像草莓一樣紅的臉……

我很想答應他的約會。只是那個時候的我，已經申請到學校，下星期就要出國念書了。因為，在我的內心深處，也同樣懷藏著一個久久沒說出來的祕密。那就是：有一天在異國他鄉的某個角落裡，能跟我們的班導不期而遇……

品讀

這篇細膩轉折的作品，讓人認識了一位早熟又有思想的女孩，也讓我們再次時空倒流，重返國小國中男女同校或同班的現場。一幕幕「愛情悲喜劇」，就這樣來來去去，反覆上演。

我也曾是瞎起鬨的頑皮班長，鼓動窗邊女生看見經過的「那個男生」，就輪流高喊班上一個女生和他的名字，只因為兩家住對門就亂配對，其實啥事也沒有。可見，這個年紀非獨男生犯下集體幼稚的言行，三八阿花女生也一樣無聊。

純粹是「春情蠢動」嘛！

不同於賴曉珍的「下次我要贏過妳！」出自男女生的良性競爭，本文女主角是為逃離男生糾纏而用功讀書，更因收藏心中的一個祕密而欲上層樓。彷彿一個杜撰的劇本，出現一串巧合，出國前夕一通電話，竟是同樣的動機，改造了另一個好男孩的命運！

猶記中學時，英俊親切的體育老師成為同年級女生崇拜的偶像，為了博得老師誇獎，我的努力就是放學不回家，天天在學校操場練低欄和跳遠，夢想長大當運動員！作家黃春明在初二那年，因級任導師王賢春的閱讀啟蒙，從此脫胎換骨，不再自艾自憐。

人一生中最重要的影響，很多來自成長期，因為那是一扇剛剛推開的窗戶，如果幸運的邂逅了一朵白雲，它會載著你翱翔藍天，如果不巧是塊黑雲，也會護佑你穿透風雨，你只管勇敢迎上前去，實在沒什麼好擔心的！

怪婆

THIS IS A BOOK. =
力士一日餓不可
WHAT IS YOUR NAME? =
花一日有鵝念
MEDICINE = 沒得剩
ORANGE = 歐輪橘

作者簡介

林哲璋

臺大中文系畢業，臺東大學兒童文學研究所博士研究生。曾獲《國語日報》牧笛獎、南瀛文學獎、吳濁流文學獎、「好書大家讀」年度最佳少年兒童讀物等獎。出版作品有「仙島小學」系列、「屁屁超人」系列、「用點心學校」系列等。

當我的主人買下了我，我就明白我這一生完了……

原本，我和朋友們在文具店裡，天天不停討論、想像彼此的未來——

「或許，我會被大富豪買走，記錄每天數以百萬計的收入和支出……」

「或許，我會被偉大政治家買去當日記，每天記錄下政壇的祕辛與陰謀，將來成為重要文獻……」

「或許，我會被大文豪用來當筆記本，身上記載的靈感、詩句，在被鉛字印刷成千萬冊之後，我終將進入國家文學館館藏……」

然而，我的主人竟然……竟然是一個頂著大光頭——生活百無聊賴的可憐國中生。

你是否能想像……我有多失望！尤其是，當我發現他帶我上英文補習班，並在我身上用中文注音標示英文單字時，我就知道我慘了——我的理想、我的抱負、我的虛榮……都泡湯了！

英文補習班裡，男生來自男校，女生來自女校，座位區分性別，走道隔開男女，楚河漢界，壁壘分明。男同學、女同學沒多少情誼，倒是有許多猜忌，相處有如小學生，往來不像青春期。

班上有一位女生，個子特高，目標明顯，許多男同學矮她一個頭，特別喜歡開她玩笑。主人同校的同學為她取了一個綽號——「怪婆」。

其實「怪婆」長得一點也不怪，甚至還算清秀，五官堪稱標致，聲音更是甜美。可憐成了這群臭男生苦中作樂的悲慘目標。

「『怪婆』其實『怪』可愛的！」有一天，我的主人竟在我身上記下這一句……而且，他開始寫起了一篇以「她」為主角的故事。

主人本意不在損人，內心反而同情這女孩。從他寫下又改、寫完又撕的草稿推斷，主人原本想要寫瓊瑤般的淒美愛情故事，或者金庸式的江湖兒女情長。不過，由於補習班同學搶著看，爭著讀，於是，為了避免輿論譁然，被當叛徒，那故事逐漸修改成「從前、從前，有一個怪怪的巫婆……」的奇幻童話。

我不明白為什麼主人幹此蠢事，有這等閒情，倒不如多抄幾遍英文單字，還有意義得多。

真是——人不無聊枉少年！

休息時間，補習班裡臭男生搶著翻閱我身上新寫的情節和橋段，一邊看，一邊望著那位無辜的女同學詭笑。

怪可愛的「怪婆」起初臉上還有些許的淚眼婆娑，充滿委屈與不解，漸漸的，表情變成不屑與蔑視。她那高人一等的身材，加上不以為意的態度，雖是同年，與我主人那群狐朋狗黨笨同學相比起來，倒顯得有如心胸寬大的大姐姐。

這篇〈怪婆欺負王子公主〉的古典童話，無論是作品還是主角，已然成為那群死小孩枯燥補習生涯的一縷清泉——

「怪婆今天換眼鏡了耶！」

「怪婆今天好像有擦香水！不然，怎麼走過時都香香的？」

「怪婆，今天怎麼沒來……」

「怪婆竟然也會寫錯被老師念喔？」

然而，只要主人不小心透露出：「其實，怪婆長得怪可愛的！」馬上就會招來一頓撻伐，並且立即公審……

「你在暗戀她吼？」

「我們應該和她們誓不兩立，你這個叛徒！」

接下來，為了明志，我身上的故事就會加倍顯現反派主角的可怕與猙獰。

接下來，神奇的事情——一語成讖——的發生了。

那一次，是赫赫有名的「健康教育第十四章」惹出的禍，不知是誰，窮極無聊的抽出了主人書包裡的健康教育課本，把貼紙黏在女性生殖器官透視圖上，主人心急，連忙把貼紙撕下，卻把「器官」一起撕了下來，課本上的插圖只剩下身體的輪廓，光滑的皮膚，「它」不小心成了裸女。

頓時，補習班男生哄堂大笑，主人忙著搶回課本，和小屁孩打成一片，突然，一陣熟悉的香味襲來……「怪婆」竟悄然的走近，凝視著主人說：「想不到，你也會這樣？」說完，皺著眉，轉身回座位去了。

「想不到，你也會這樣？」

「想不到，你也會這樣？」

「想不到，你也會這樣？」

……

這句話，主人回家後一直反覆刻在我身上，刻上，又擦掉；擦掉，又刻……好像中邪了一般……那時，我才知道：「怪婆」真能使魔咒！

更可怕的事，還在後頭。

過了幾天，主人在學校上工藝課。工藝老師經過時，沒得主人和我的同意，就把我拿起來，翻閱了我身上的〈怪婆發威記〉……

他還沒讀完，就氣得撕下我的內頁，張開他的巨掌，往主人臉上招呼，他忿忿的說：「竟敢消遣師長！」

我被撕、被摔得莫名其妙，主人被一巴掌打得丈二金剛摸不著頭緒。倒是和主人一起上補習班的同學跳出來向老師解釋：「那筆記本裡寫的不是我們學校的『怪婆』老師，是英文補習班裡的一位女生……」

老師好像發現自己誤會了，但找不到課堂裡的樓梯、講臺上的臺階，便悄悄然的宣布下課，悻悻然的離開教室。

主人這才知道，原來他們學校有位凶悍女老師，外號就叫怪婆。英文補習班裡的同學曾在她那兒補習，因此，借了她的綽號用在「怪可愛」的女孩身上。

「怎麼那麼沒創意呀！」遭了無辜巴掌的主人撫著臉頰，抱怨始作俑、取綽號的同學。

就這樣，我身上那篇未完的作品，未再繼續了——雖然，主人早已安排了結局：怪婆被青蛙親了一下之後，恢復了原狀……原來，她長得並不難看，怪可愛的！

英文補習班的下一期，也沒見到怪婆了。

我的主人結束了未開始的愛情，學到了人世間的道理——八卦可能是誤會，大人可能會犯錯……世事無絕對，千萬要質疑！

在我身上開天窗的——連單戀都算不上的——戀曲，雖不能說令主人刻骨銘心，倒也臉上熱辣，搏取不少同情……從此，主人對於創作故事十分膽戰心驚，據說他後來朝向寫作發展，堅持只WRITE CATS AND DOGS.

我身上再也沒出現任何作品！那段故事沒有結局，卻永恆於我的記憶，可以撕去，無法抹去……誠摯祝福那曾經銘刻我心的女主角：怪婆——年輕可愛的小姑娘，不是凶巴巴愛打學生的大娘！

品讀

乍讀這篇〈怪婆〉的時候，有點兒眼鏡噴迷霧，看不太明白，結果越看越樂，笑不可仰，果然是童話作家的本色，借一本筆記本做擋箭牌，敘述少年時在英文補習班裡發生的一齣陰差陽錯的糗事。捧腹大笑的當然不是作者本人，是缺乏同情心的讀者，他傷心得都哭了好幾天。自己莫名其妙的遭遇才真是無厘頭喔！

事件報告如下：英語補習班有個高䠷身材的女生外號「怪婆」，其實長得十分可愛，是一群臭男生追逐的「嬌點」，與我們這位從小文采出眾，身高一九〇公分的男主角呢，其實滿匹配的，便默默將她化身成筆下的女主角，發展出許多荒誕胡鬧的情節，男生們都興奮捧讀，欲罷不能；與此同時，一個無聊又惡劣的惡作劇，把事情搞得烏煙瘴氣，偏偏又鬧出一個同名雙包的誤會！於是，運氣超爛的男主角，平白無辜的被老師呼了一巴掌！

稼軒有詞：眾裡尋他千百度／驀然回首／那人卻在／燈火闌珊處

人與人之間的緣分，往往就是如此，似近非近，似遠非遠，開始不等於繼續，結束也不等於有開始，年輕可愛的小姑娘，妳萬萬想不到吧！這個當年用注音符號學英文的傻大個兒，現在成了帶給讀者歡笑的一級喜劇童話作家，就是以妳為藍本，開始寫童話的喲！因為實在太有趣了！希望妳能讀到。

男孩，你為什麼要這樣？

在學校旁邊一條覆蓋著金黃色落葉的小路上，玲兒用手攏在嘴邊，輕輕地告訴我：「徐兵考進了咱們學校，他說將來要和你結婚，你可要小心點。」我聽了，驚得滿臉緋紅。玲兒善解人意地拍拍我的肩，嘴邊滑過一絲神祕的笑容。儘管我在心底竭力地懷疑這句話的可能性，

作者簡介

殷健靈

一九七一年生於上海，在南京度過童年和少女時代。法學學士，文學碩士。現任上海《新民晚報》副刊部主任編輯。寫作類型包括詩歌、散文、小說、報導文學、評論等。部分作品翻譯成瑞典文、英文、日文、韓文和法文等，並獲二〇一三年度國際林格倫紀念獎提名。重要作品有《紙人》、《哭泣精靈》、《月亮茶館裡的童年》、《甜心小米》、《橘子魚》、《愛——外婆和我》等。

然而不祥的預感還是那樣清晰地落到我的頭上，讓我的心顫慄不已。

徐兵曾經是我的小學同班同學，一個長得高大，神情狡黠的男孩子。三年級時，他把一支刻有「我愛你」三個字的木頭鉛筆硬塞給我，學著大人的模樣，用寓意深長的眼光注視我，朝我微笑。我驚慌失措地揣著那支鉛筆，把它藏進抽屜的深處，在慌亂恐懼之餘似乎還品味到一點隱約的滿足。也許每個女孩都是渴望被男孩喜歡的，儘管我從小養成在男孩面前保持矜持的好習慣，但是那支小小的鉛筆還是讓我感到一絲喜悅，這種喜悅是羞於對人言說的，我甚至為這種心情感到慚愧。我告誡自己：徐兵是個壞男孩，不要理睬他，否則他會糾纏你。

於是，我有意地冷淡他，不再教他功課，不與他搭話。我的行為很快換來了徐兵的報復。他搶奪我雪白的絨帽，將它扔在堆滿沙子的操場上；當我從他家經過時，他從樓上朝我扔石子，那石塊在我面前滾過，把我嚇得一驚一乍；他還找人擋住我的去路，無緣無故地威脅我……。徐兵的種種行徑使我深感困惑，男孩究竟是一種怎樣奇怪的動物啊，愛憎不分、走極端、反覆無常、桀驁不馴（當然不排除有好男孩）。漸漸地，我對徐兵產生了一種恐懼，我躲避著他，不敢獨自行走生怕遇上他。我一直這樣戰戰兢兢，直到徐兵留級，我才能夠真正地擺脫他。

而此刻，玲兒的話讓我再次陷入膽戰心驚的狀態，多麼張揚的男孩啊！我在心裡忿忿道，我不怕他了，不怕了，我已經是中學生了。我給自己打著氣，尋找種種理由來鼓舞自己。幸運的是，以後的事態並沒有想像的那樣糟糕。偶爾，我在校園裡迎面遇上衣冠不整的徐兵，我用坦然不懼的目光注視他，他卻側過臉去，像陌生人一樣與我擦身而過。我暗自慶幸，一個人的成長可以讓人拋卻膽怯，變得勇敢而坦蕩。然而我仍舊看不透男孩，並且始終把男孩視作與女孩截然不同的異類。他們有時像不諳世事的頑童，吊兒郎當，不拘小節；有時顯得英武驍勇，成群結隊地在校園裡呼嘯而過；有時毫無遮攔地在走廊上嬉笑，顯得豪放無忌。最令我疑惑的是他們對女孩的態度，他們會殘忍地把女孩的髮辮綁在椅子上，甚至用打火機燒女孩的髮梢；他們抓蛇，拎著蛇的屍體在女孩面前一晃而過，嚇得她們哇哇驚叫；他們把自己的同伴往女孩身上推，然後曖昧地狂笑……他們究竟是喜歡女孩還是討厭女孩？

初一時，一個綽號叫「大頭」的男生給了我心痛的記憶。課間休息時，他先是對我嶄新的鐵皮鉛筆盒感興趣——鉛筆盒很漂亮，鵝黃的底色，上面有兩隻靈巧的黃鸝，它是媽媽送給我的新學期的禮物。「大頭」端詳著鉛筆盒，微微咧著嘴，表情滑稽而奇怪。然後他突然做出了一個令我意外的舉動，我吃驚地見他舉起一把黑色的雨傘。「你要幹什麼？！」不等我發問，「大頭」已把銳利的傘尖戳向了我心愛的鉛筆盒。他嘟噥著什麼，一下一下猛戳那鵝黃色的盒面。頓時，上面出現了幾道深深的鏽跡，紅紅的，像是在滴血。我想護住它，但那傘尖攻擊的頻率太快了，幾乎要觸到我的手指。我竭力屏住眼淚，因為我不願在一個無理取鬧的男生面前顯示我的脆弱。「夠了沒有！」我衝著他叫道。「大頭」怔了一下，扔下雨傘，朝我得意地看了一眼，又瞥了一下傷痕累累的鉛筆盒，然後揚長而去。我自知沒有對「大頭」做錯過什麼，因為我一直善待所有的同學；我也沒有把它告訴老師，因為我不願為「大頭」招來過多的麻煩。只是我眼前一再閃現「大頭」歇斯底里的動作和神情，以及鏽跡斑斑的鉛筆盒，心裡像堵上了棉花，欲哭不能。男孩呀，真是些不可理喻的危險傢伙！

真的，在很長一段時間裡，我一直對男孩懷有這樣深深的不解和懼怕。

我有一件花格子的棉布襯衫，我從初二起就沒有穿過它，儘管它的尺寸足夠我穿到初中畢業。我最後一次穿它是在初一那年夏天。放學後，我像往常一樣和女孩子們結伴回家，迎面走來幾個頭髮長長的大男生，其中一個曾經是班上的同學，但他去念工讀學校了。他們叼著菸，瞇著眼睛瞧我們，不懷好意地笑著。走到跟前時，從他們那兒忽然飛出一隻燃著的菸頭。那菸頭恰巧落在我的胸前，襯衣上頓時起了一個焦黑的洞。我沒有吱聲，因為吱聲會引來更多的不快，我感到皮膚隱隱作痛，更痛的卻是在心裡。旁邊的女伴七嘴八舌地抱怨起來，我說算了，然後撣了撣胸前的菸灰。那幾個男生吹了聲口哨，回頭得意地看我們，他們的目光教人可憐，既不磊落也不英勇，唯有恃強凌弱的卑猥之氣。

在我的印象裡，男孩和女孩之間一直樹著一堵無形的牆，這堵牆讓男孩和女孩缺少理解。男孩們以種種乖戾的行為表現他們的強悍和勇敢，尤其在女孩面前，他們更樂此不疲。他們喜歡聽女孩膽小的尖叫，看女孩軟弱的眼睛，並且為此而興奮不已。其實，男孩們都是喜歡女孩子的，我直到長大後才明白這點。

當我看到一群男孩推推搡搡地欺負一個女孩子的時候，我溫柔地原諒了他們。他們揪女孩的辮子，是因為他們好奇，女孩子們的頭髮柔軟，散發著芳香，而這些男孩們卻沒有；他們逗女孩子哭，是因為女孩子的眼淚像飄飛的春雨，清新、柔和，那嚶嚶的哭聲也好似一曲自然的音樂。可惜的是，男孩們不懂得如何表達他們的喜歡。於是，他們要麼冷漠地對女孩不加理睬，要麼就不懷好意地惡作劇。男孩，你為什麼要這樣呢？就是因為缺少溝通，讓男孩和女孩之間產生了多少積怨和隔膜。現在，雖然我已經能理解過去遇到的種種不快，但還是太晚了，畢竟，我也曾經深深地懼怕、討厭過男孩。

品讀

校園裡有很多發生在男女孩之間的「羅曼史」，讀後多感到美好和惆悵。現在的這篇，卻是一個女中學生被同校男生霸凌的恐怖經驗，雖然事隔多年，她已經釋懷，並為這些粗魯行為找到合理的解釋，但在充滿暴戾的文字敘述中，不難想像女孩當時所受到的驚嚇和傷害。

有不少事例是大家熟悉的，譬如男生像狼群般圍著兔子似的小女生推擠哄笑，一副無所謂的樣子；或是惡作劇把女生頭髮綁在椅子上，無視她無助的哭泣；不然就是像我小學五年級時，被大個子男生惡狠狠的反扭手臂，只因為我和他的哥兒們鬥嘴，他趕來助陣！

他們是喜歡還是討厭女生？我想兩者「皆是」也可能「皆非」。無傷大雅的小鬧小玩，其實不用大驚小怪；到了扔石子、破壞物件及使用打火機燒髮梢等破壞性行為，追根究柢，就是家庭教養、學校教育相繼出了問題。

如何養成子女良好的品德和行為，是教育的目的，從小具有男女平權觀念的孩子，決不會以弱者作為捉弄欺侮的對象；從小培養公平正義的觀念，必然不會出現大欺小、多欺少的不良行為。這一點，是好男孩好女孩都要具備的素質。

如此，彼此才能有相互探索和理解的空間，不至於因好奇而動粗，將張狂的叫囂叫做酷，好勇鬥狠當成英雄崇拜。這是做人處事的基本能力，男孩女孩都一樣，需要經過學習。

有這樣一個男生

有這樣一個男生，他的名字我已經忘記了，我相信我們同一年級的人差不多都忘記了，甚至忘記了有他這麼一個人。可是，我沒有忘記他這個人，我也無法忘記。特別是他的那張臉，曾經在短短一個學期的時間裡變換著令人驚訝的迴異的表情，它們

作者簡介

謝倩霓

江西修水縣人，南京大學文學碩士，二十歲發表第一篇文學作品，現任職上海少年兒童出版社編審、《少年文藝》執行主編。出版作品有長篇小說《薄荷香女孩》、《不說再見好嗎？》、《多味畢業班》、《春天在行動》等，中短篇小說集《星語心願》，散文集《走過心情》及文藝理論、文學評論等及《謝倩霓暖愛成長小說系列》等。曾獲陳伯吹兒童文學獎、冰心兒童圖書獎等，作品並輸出韓國、越南、港臺等地。

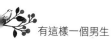

以一種不可磨滅的方式留在我的記憶深處。

那是一張高一男生的臉，一開始是黑裡透紅的，帶著鄉村男孩特有的純樸和靦腆，還有一絲隱藏著的興奮和自豪。男孩當然興奮了，能從一個偏僻的鄉村中學考入這樣一所全省聞名的地區重點中學，而且是全年級第一名！

我與剛剛結識的芫靠在教學樓的欄杆上，看男孩高大而略有些笨拙的身子穿過灑滿初秋陽光的校園小路，消失在前面不遠處青青的松樹林裡。

「真厲害！」我對芫說。

芫撇撇嘴，說：「就是鄉氣太重！瞧他臉上那兩坨高原紅！」

我一下子啞口無言。

也許芫有資格批評別人鄉氣太重，因為芫是那樣時髦的一個女孩子。她穿無袖緊身、前胸用本色線繡一朵很小很小的玫瑰花的大紅色全棉上裝，穿「Ａ」字形線條的、雪白的全棉長褲。芫告訴我們，她穿的這一身可是世界最大品牌服飾，來自時裝之都法國巴黎；她還說，現在最高檔最時髦的服飾衣料不是綾羅綢緞，當然更不是滌綸，而是棉，因為棉是最難伺候的。另外，芫還有一張城裡女孩特有的白皙的臉，她最喜歡到商店裡去試衣服時營業員小姐告訴她：「你皮膚白，穿什麼顏色都好看。」

我與芫分在一班，男孩分在三班。我有一點悵然若失，我喜歡成績優秀的、特別是理科成績突出的男生，我覺得在他們身上埋藏著一種功成名就的夢想。當然這種心情我不會告訴任何一個人，包括剛剛結識的芫。

我非常慶幸自己沒有過多地與芫談論男孩——因為，誰也不知道是怎麼回事，開學僅僅一個多月，鄰班鄉村男孩的眼光竟然會衝破所有的禁忌和言語，而落到我們班城裡女孩芫的身上。

究竟是什麼吸引了男孩執著而長久的目光？是芫身上有他從來不曾體驗過的城市的味道嗎？

——沒有人知道。我們只是看到，男孩原本可以預料的人生軌跡自此徹底改變。

第二次注意到男孩的臉是在一個有著美麗夕陽的黃昏。我一向喜歡拿著一本書，穿行在黃昏迷幻的天光裡，有時看書，有時看風景。

那一天，我被前面不遠處坐著的一個身影所驚醒，是男孩，他的手裡也拿著一本書，但他沒看，他的眼光正茫然地投向不可知的遠方。他臉上憂鬱的神情襯在夕陽的光裡，現出一種觸目驚心的哀傷的效果。

我想起剛開學時男孩那淳樸靦腆的笑臉，心裡有說不出的難過。

我不知道男孩與芫之間到底發生了什麼，我只是看過芫的一次表演。在課間熱鬧的教室裡，芫露出一種像剛剛吞食了一隻蒼蠅那樣的表情，大聲說：「天哪，打死我也不要他喜歡我！鄉巴佬，討厭！真是不要臉！」

周圍哄堂大笑。

男孩當時不在場，但我知道，過不了幾秒鐘，這句話就會像春天裡的瘟疫一樣，在鄰班的教室裡迅速地蔓延開去。這樣的情形肯定不只一次，它們對鄉村男孩的打擊一定是毀滅性的。

我真想走上前去，告訴夕陽裡悲傷的男孩：為荒這樣缺乏善意和同情心的女孩，真是不值。

但我不敢。我從未與男孩有過任何的交往。我只知道他的成績很優秀，而他，也許連我姓甚名誰都不清楚。我只是一個不起眼的小女生，靜靜地生活在自己小小的世界裡。

再一次注意到男孩已是接近期末考試的寒冷季節了。這一次沒看到男孩的臉，他的臉被他支起的胳膊擋住了。他弓著背，縮著肩，坐在校園一個無人光顧的角落裡。冬季正午的大太陽無遮無攔地照在他的身上，就像照著一件沒有生命、沒有任何氣息的老棉襖。

一直認為女孩的內心敏感而纖細，從來也沒有去想過外表粗魯的男孩子會有著怎樣的一份內心。是一種怎樣的內心痛楚，使一個生氣勃勃的男孩在短短的幾個月裡一下子變成了一件老棉襖的呢？

我想像不出。我只是站在樹下的陰影裡，遠遠地望著男孩。我真希望我的目光是世界上最好的一劑創口帖，能帖好男孩心頭看不見的青春的劃痕。

寒假過去以後，男孩不見了。

據零零星星傳過來的消息，男孩患了嚴重的失眠症，被迫休學了。

沒有了男孩的校園顯得很空落。

芫照樣穿著她的名牌服飾在校園裡來去如風，就好像什麼也沒有發生。

沒有誰可以責備芫。相反，有很多人說男孩是「咎由自取」。但我一直認為，面對一個真心對自己表示好感的男孩子，即使你真的很煩他，真的不喜歡他，你也不可以毫無顧忌地當眾汙辱他、詆毀他。你完全可以採用另一種方式的。善良而聰明的女孩子，應當可以做到這一點。

所以我一直在心裡認為，芫應當是罪魁禍首，是她以一種漫不經心的方式毀滅了一個優秀男孩的內心。

品讀

男孩，你為什麼這般脆弱？缺少自信？難道你忘了，走出偏遠的山村小路，送行親人及長輩們殷殷切盼又飽含欣慰的眼神？你帶著理想和抱負高飛，雄心萬丈欲開展前程！哪裡料到，一朵絢爛的玫瑰，刺穿了你柔嫩的春心。

你可能從來沒有想過，貧與富，原是兩條難以相容的平行線，質樸的陶罐如何與黃澄澄的金杯較量？雖說愛的本質並無高下，可魯鈍的你還沒有開竅！

男孩，相信此刻的你，早以成熟的心態面對真實的人生。一切都過去了，你不曾忘記少年的屈辱，也許會對自己說：太不值得了！不會的，男孩！換了我會這樣想：太值得了！這事件讓我理解「真愛」本不該有斤兩！讓我更敬重自己。

還有女孩，妳已經成人，還記得青春期的這樁殘忍「犯案」嗎？這是最壞的示範，也是最好的示範，因為妳讓我們深思了人性的弱點和缺陷，妳必將經過試煉，總有一天，妳會明白，物質欲望具有強大的腐蝕作用，貪婪與傲慢將使妳美麗的容顏日益腫脹，清越的靈魂也將乾涸如無水的溪床！祝福妳，早日跨越鴻溝，回歸美善。

還有，親愛的倩霓，當年妳年紀還太小，所以只能兀自站在樹下的陰影裡，為這個敏感優秀的男生，暗自痛惜！深信今天的妳，如果舊戲重演，妳一定會挺身而出，為公平正義勇敢發聲！而妳是的。

愛是……迴盪心底的浪漫曲

感謝在那青澀的純真年代，
曾經溫柔相待、共享憂歡，
縱然曲終人散後，留下無限惆悵，
但那難忘的餘韻，教人吟詠一生。

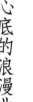

我的筆友林哲夫

那年六月，鳳凰花像火一般開滿新竹師範的校園。畢業典禮完後，我背著簡單的行囊，走過校門口的傳達室，隔著玻璃窗，瞥見裡面躺著一封我的信。

「輝岳同學：拜讀大作〈苦楝樹〉，內心既佩服又感動。小弟平日

作者簡介

馮輝岳

一九四九年生，臺灣桃園人，省立新竹師範學校畢業，十八歲任職國小教師，直至退休。一九七六年開始寫作兒童文學，近年創作以兒歌、散文為主。著有兒歌集《早安！動物朋友》、《陀螺轉轉轉》及散文集《阿公的八角風箏》、《松鼠下山》等多冊，曾獲中華兒童文學獎、洪建全兒童文學獎、金鼎獎等。

也喜歡爬格子……但願這封信能獲得您珍貴的友誼……」信尾署名林哲夫，寄自臺北市公園路。我反覆讀了幾遍，想起往日就著寢室黯淡的燈光埋頭苦寫的傻勁，不禁感到一陣溫慰。

回到家裡，第一件事便是給林哲夫回信。

再度接到他的信，則是寄自臺中大里。他告訴我，他在北部的一所學校讀書，暑假回到臺中大里，希望我把信寄往大里，等開學再寄臺北。就這樣，林哲夫成了我的第一個筆友。

因為彼此年紀相近，而且都喜歡寫作，所以談得十分投機。我們交換著幼稚而膚淺的寫作心得，談詩，談散文，也談小說。我們曾經大罵報刊的編輯不給面子，老愛退我們的稿。我們也常針對彼此文章的缺失提出指正。也真奇怪，那一陣子我們在寫作上的進步，幾乎可說是「跳躍」的，本來只配在青少年版發表作品的我們，偶爾也能在報紙的副刊露臉了。

開學了，我分發到村裡的分班執教。空閒的時候，我就坐在辦公室給哲夫寫長長的信，當時的我，總覺得寫作是一門大學問，即使僅懂得一點皮毛，也彷彿有滿肚子的話要告訴對方。我們相約把信寫在六百字的稿紙上。我常把寫信給他當做一件神聖的工作，像寫稿那樣，先打草稿，再謄在紙上，花去再多的時間和心思也不覺浪費。哲夫的熱誠更教我感動，在繁重的功課壓力下，還得抽空寫信給我，並且每封都寫得比我長。記得有一回，他寫了一封信竟長達八張稿紙。他信裡的文句洗鍊而流暢，當我知道他不打草稿時，簡直佩服到極點，他駕馭文字的能力遠遠超過我，這是無庸置疑的。

我們每週通一封信，有時甚至一週兩封，除了交換寫作心得，也會談一談年輕人的夢與理想，或是說一說年輕人的憂鬱和迷惘。

有一天，郵差不知怎麼的，把信送到分班來。下課的時候，我剛走近辦公室，同事老廖就抓起我桌上的信大聲叫：「嗨！情書。」

「別開玩笑了。」我看了一眼信封：「一位筆友寄來的。」

「我猜十成是女筆友。」老廖斬釘截鐵的說。

為了證明我的筆友不是女的，我拆開信，讓老廖看一看信尾的署名。

「『林哲夫』，會是女的嗎？」

「這個『林哲夫』大有問題。」

「我們寫信都是稱兄道弟的，會有什麼問題？」

「公園路六十八號，明明是北女師的校址嘛！」老廖說：「我在臺北念了幾年書，不會記錯的！」

通信將近一年，他稱我輝岳兄，我稱他哲夫兄，是那麼坦誠的交往著，這真是不可能的事，但老廖講得那麼認真，我的心中不免起了疑惑，繼而想想，縱然是個女的，又怎麼樣呢？我們只是寫作上的朋友，談寫作又何必在乎對方是男是女？所以對於這件事，我也沒有多加追究。不過，如果林哲夫真是女的，那他的確不夠坦誠哩！

一九六八年八月，我念師範時的同學邱君，參加了救國團舉辦的文藝營，很巧的，在營裡遇見了我的筆友林哲夫，他們在閒談之間提起了我，哲夫大概知道隱瞞不住了，也許為了求得我的諒解，他在凌晨三點，在文藝營的孤燈下，終於做了這樣的表白：「……『林哲夫』不是一個可以被你呼為兄的男孩子，而是必須呼你為兄的女孩，她不愛喧譁，不求虛名，只求在精神上以寫作為寄託，她不滿現實，但仍接受現實的挑戰。過了暑假，便是女師專四年級的學生，但在寫作的窄路上，卻剛剛學步。她那被自己埋葬的名字是『林彩麗』……」

其實，哲夫沒有必要向我這樣表白，我們不是談得很自然嗎？

我仍習慣稱他「哲夫」。

對於這樣一位通信多時未曾謀面的筆友，我幾乎可以在腦海勾勒出他的影子，一個眉宇繫著憂鬱的女孩，一個滿腦子夢幻的女孩。我不明白他的筆端為什麼老是帶著那麼多的哀愁，也許他有過悽慘的過往，他不只一次說要埋葬過去的一段歲月，但他從不告訴我過去的一切。顯然他的家境十分貧困，身為長女的哲夫，除了念書，還得和父親共同支撐飄搖的家。有一陣子，我們比賽似的將稿子寄往某報副刊，那真是他寫作的輝煌時期，每隔幾天，就有一篇刊出，產量之多，令我自嘆弗如，他的稿費收入是可觀的，除去零用，他全部寄回家中。

哲夫家中有個生病的母親，這是通信兩年以後我才知道的，不過已經病入膏肓了，好像是肺病吧！經常翻腸攪胃的吐出一塊塊暗紅的血來。有一個星期他沒來信，我預料到有什麼事情發生。果然不久，他在信中透露母親已經往生的消息，紙上淚痕斑斑，有幾個字因而模糊不清，我讀著讀著，不知怎的，心裡突然覺得好難過好難過。

有時，我不免埋怨這偏遠的山村，既沒有報紙，也見不著書刊。

自己的文章登出來了也不知道，多虧哲夫時時留意我的作品，他常常為了幫我蒐集，忍著城市的喧囂，跑了好幾條街才買到報紙。

可是，哲夫一直很羨慕我的服務環境，他說他要逃離喧囂的世界，尋找一個有山有水的地方，默默領受人生。起先我以為他開玩笑，他的成績好，照理分發到臺北市不成問題。畢業後，他竟依著自己的志願，選擇一個濱海的小學校，住著小木屋，夜晚讓潮音伴他入夢。

用稿紙代替信紙，我們在心靈的晤談中，送走一千多個日子。

之後，彼此的生活起了變化，他在濱海的小學教書，我當兵去。忙碌而緊張的軍中生活，沒有時間也沒有心思去寫作，感覺裡，好像跟文學絕了緣。哲夫的來信，有時拖了一兩個星期我才回覆，漸漸的，我們的通信便中斷了。

再度收到他的信和新出版的散文集，已是六年以後的事了。信寫得很短，僅是一些問候的話。散文集灰紫色的封面，浮現一抹亮麗的橘紅和深黃，從篇篇雋永的短章裡，我可以看出哲夫成長的足跡，我終於知道，哲夫不再是一個愛說夢話的女孩，成長使他譜出的心曲，已經轉成另一種悠揚的調子了。

可惜，這些年哲夫的名字已逐漸自報刊消失了。

我退伍下來，調到龍潭國小執教，同事中有位哲夫念師校時的同學，同我談起哲夫，她說：「哲夫眼睛大大的，皮膚黑黑的……」跟我想像中的哲夫有些出入。

品讀

「交筆友」這事我們都不陌生，自從有了電腦以後，網友透過各類網站交友，已是一件稀鬆平常的事。熟練的敲點鍵盤，你來我往，相談甚歡，彼此可能因此希望見面，成為現實意義上的朋友，許多電影、戲劇、小說，也常以此為題材，交友過程的發展更成為一種懸疑。筆友猶如一頂神祕的轎子，總想揭開簾幕一窺究竟。

我讀書的時候，社會風氣比較保守，想結交異性朋友，交筆友最安全隱密了，方式是從一些通俗雜誌的交友欄上，憑兩行「自我介紹」做選擇。我曾藉此機會「大練文筆」，前後交過五、六人，但都無疾而終。

這篇作品與一般筆友不同之處，在於主動寫信的一方，是一位愛好文學又有一枝好筆的女學生，為了隱藏性別，與心儀的作者持續長達三年的心靈交流，這樣的神交與純粹，是何等難得與稀有？讀後不禁生出一種惋惜與惆悵。

作家用素淡的文字細說從頭，用稿紙寫信還先草稿後謄寫，花再多的時間與心思也不覺得浪費，這份真誠讓人感動。在青春年華，年輕人以文會友，最大的收穫是激勵雙方對生命的憧憬與熱情，全文結束於中斷交往六年以後，林哲夫寄來新的散文集，「哲夫不再是一個愛說夢話的女孩，成長使她譜出的心曲，已經轉成另一種悠揚的調子了。」

而本文作者，經過多年淬鍊，曾經犁過的格子田，也早已結實累累了！

少年情

國小五年級的時候，平常喜歡跟男生玩在一起的我，忽然開始注意起班上的女生來。

班上的女生有二十一個。在這些女同學中，我並沒有特定喜愛的對象。

有一次晨間打掃，負責打掃

作者簡介

陳正治

一九四三年生，臺灣苗栗縣人，臺灣師範大學國文研究所畢業，曾任臺北市立大學中國語文學系教授兼系主任，國立政治大學、私立文化大學兼任教授。出版《童話寫作研究》、《兒童詩寫作研究》、《兒歌理論與賞析》、《修辭學》等多種兒童文學理論專著，並從事童話、故事、兒歌創作，作品有《詩的祕密》、《老鷹爸爸》、《新猴王》、《貓頭鷹的預言》、《聰明小童話》、《有趣的中國文字》、《成語兒歌與猜謎》、《猜謎識字》等。獲獎紀錄：國科會甲等學術著作獎、中國語文學會語文獎章、教育部兒童小說創作徵文獎、「好書大家讀」年度最佳少年兒童讀物獎等。

教室的同學，由於有人遲到，再加上有幾個男同學跑去操場打球，因此第一節上課的時候教室還沒打掃乾淨。級任老師來上課，看到有一排桌子底下髒髒的，就追究到底怎麼回事。

「女生忘了打掃那排！」一個打球的同學把責任推到女生身上。

「那一排的清潔工作是男生負責的，但是男生卻跑去打球。」一個女生反擊著。

男女生互相推責的時候，一個叫明珠的同學沒有參與辯論，她只默默的拿著掃把在掃地。她的舉動，引起我特別的好奇。為什麼她不像其他女生反擊男同學呢？為什麼她要背起打掃的責任？

在好奇中，我的腦裡浮起平常對她的印象：她的個性很好，從沒跟男女同學吵過架。外表清麗，舉動優雅，講起話來輕輕柔柔的非常好聽。想著想著，我忽然喜歡她來了。

男生喜歡某個女生是不可以的，因為會被笑「愛女生」；再說當時的環境，男女生好像仇敵，是不說話的。我雖然喜歡這個女同學，但是只能暗暗的把我的愛慕藏在心裡。

我家離學校大約五百公尺，但是她的家離學校卻有兩公里多，因此每天她上學時，都會經過我家前面的馬路。喜歡上她後，我每天上學，總是等到她走過我家門前的馬路後才出門，然後一路上像護花使者一樣，遠遠的跟在她後面，看著她一步一步輕盈的走向學校。

有一次，上學快遲到了，我卻沒看到她經過我家。媽媽一直催我快去上學，我只好無精打采的出門。走在路上不停的想著，她是不是生病了？或是家中出了什麼事？我忐忑不安的進了教室，一望她的坐位，居然她已坐在位子上背誦課文，看到她後我才放下掛念的心。她低著頭認真背書的樣子，引起我「見賢思齊」的念頭。我暗暗對自己說，從今起我要更努力讀書，一定要考好成績引起她注意。

第二次月考快到了，級任老師說：「這次月考，為了鼓勵大家考得好，老師準備了好多枝鉛筆當獎品。每個同學只要有一科一百分，就送一枝鉛筆。」

聽了老師的話，上課的時候我更專心，回到家也不離課本。那時候我們要考的科目有國語、算術、自然、公民、歷史、地理等六科。月考成績發表後，我考了三科一百分，得了三枝鉛筆；她跟其他五、六個同學各有一科一百，各得一枝。我上前領獎的時候，發現她的眼睛注視著我，好像驚訝我為什麼能考三科一百分。這次的領獎，使我更體會出要得到她的好感，就要更努力讀書。

為了引起她的注意，每天晚上我寫完作業後，便開始復習當天的功課；並預習第二天老師要教的新功課。這樣的努力，終於在期末成績裡，得了第一名。

五年級下學期開學，我被選為班長。當了班長，我有機會走到她的前面收作業簿。她的作業簿保持得乾乾淨淨，每個字寫得端端正正。發作業簿的時候，我也會趁機打開她的本子看，幾乎每次她都得甲上。這種愛乾淨、寫字不潦草的習慣，令我十分佩服，因此更使我喜歡她。

在教室裡，我坐第四排，她坐第二排。每次上課，我都會偷偷的看她。看了幾次，被她發現了，她紅著臉低下頭。我想，她應該知道我喜歡她吧？不過由於當時男女同學不講話，因此五年級的這段時間裡，我並沒有私下跟她說過話。

體育課時我們最常上躲避球。有一次比賽，她跟我不同隊，我抽到外場，她抽到內場。當球傳到我的手上時，她恰好跑到我的前面。這時候如果要炸她，簡直不費吹灰之力。我故意不炸她，改炸遠處的男生。幸而遠處的同學被我打中了，不然我一定會被同學笑說：「班長愛女生」。

六年級下學期的一個週末，我忽然很想看到她。她的家在我姑媽家附近，我就藉著去姑媽家的機會走到她家門前。她的家是傳統的三合院，房子後面是一大片竹林。靛青色的竹林配上三合院的紅磚紅瓦，整座屋景紅紅綠綠，又醒目又美好。更吸引人的是微風吹起，竹枝相碰而發出的嗯嗯聲，好像替住在這裡的人演奏幽雅的音樂一樣。庭院裡種了幾棵桂花樹，桂花一開，那香氣撲鼻的情景，一定令人陶醉。

大門前種了幾棵桃樹，在綠葉扶疏中綻放出好幾朵粉紅的桃花，加上幾隻蜜蜂嗡嗡嗡的飛來飛去，覺得這兒充滿生機。住在這個優美的環境裡，怎麼可能不培育出她的優雅特質？我在屋前待了一陣子，沒看到她出門，只好遺憾的離開她家。

由於喜愛她，又想在她的面前表現得很出色，因此我的成績從五年級起都保持班上第一名；在言行上，我都小心翼翼的要求自己當個好學生，不讓她瞧不起。六年級學期末時，我除了被選為班上的模範生外，還當選全校模範生。畢業典禮那天，我得了縣長獎和全校模範生獎。我想，能得到這些獎，除了感謝老師、爸媽和投票給我的人外，更應該感謝激發我努力向上的明珠同學。

國小畢業後，我上了初中，她沒升學，因此失去了見面的機會。雖然這樣，但是我想也許我到姑媽家時，可以看到她。初中二年級那一年的農曆初二，我去姑媽家邀請姑媽回娘家。經過她家前面，我故意放慢腳步欣賞桃樹，看看是否能見到她。幸運的，她居然走到庭院被我看到。我又高興又害羞，正不知怎麼辦的時候，突然腦筋一轉對她說：

「明珠同學，我們已經畢業兩年了，好幾個同學建議開同學會，不知道你有沒有空參加？」

「接到開會通知單後，我如果沒重要的事，一定會參加。」她露出潔白的牙齒微微一笑說。

聽到她銀鈴般悅耳的回答聲，令我十分興奮。可惜事後跟幾位同學商量，他們都說畢業十年或二十年後再召開比較有意思，結果我的建議便無疾而終了。

初中畢業我考上師範住在學校裡。那年的耶誕節前，我寄了一封賀卡給她，希望讓她知道我關心她。信寄出去好久，都沒接到她的回卡，失望下終於清醒了：我們年紀都太小，也不具備養家餬口的能力，交了異性朋友又如何？於是我安下了心。

時間就這樣一分一秒的過去，師範畢業後，我當了國小老師。有一天我到姑媽家拜訪，又經過她家門前，忍不住偷偷的又望著她家的庭院。庭院的桂花樹開花了，傳出了幽幽的芳香來，可惜沒看到她的人影。留連了一陣子，只好到姑媽家去。聽表妹說，明珠已經結婚，嫁給一位從事建築工作的小老闆。我聽了頓時感到好失落，心頭忽然湧起唐朝詩人崔護寫的一首詩：

「去年今日此門中，人面桃花相映紅；人面不知何處去，桃花依舊笑春風。」

我想，少年時愛慕的人，雖然激發我努力向上，但是對她的情意，大概只能深深的藏在我的心底裡了！

品讀

什麼樣的女生會引起男生的欣賞和注意？在這篇文章中，又得到一個「普世」的答案：清秀、斯文、輕聲細語、教養良好的女生！男生最怕「母老虎」和「三八阿花」了。說白了，就是有禮貌、好相處的女生最討人喜歡。

什麼樣的女生又會激發男生的上進心和好勝心呢？當然，也就是想以出色表現來贏得出色女生的「惺惺相惜」之情啦！

本文作者以質樸無華的文字侃侃而談一段純淨的「偷偷喜歡明珠」，因為她的不計較、因為她的羞顏、悅耳的聲音，更因為她很用功，作業簿很乾淨，每個字寫得端端正正得了好多甲上！

暗暗喜歡一個女生，就是遙遙欣賞她像欣賞一朵搖曳的春花；情感內斂的小男生每天上學，總是等到小女生經過家門前才悄悄尾隨；循規蹈矩的他為了贏取芳心而努力用功，因此考了三科一百分，果然得到青睞；玩躲避球的時候「故意不炸她，改炸遠處的男生」，儘管明珠就恰好跑到他的前面。這些細節片段的描寫，看似雲淡風清，其實蘊藏著一個少男細膩豐富的感情，寫來很是打動人心。

以後故事情節的發展正是「人算不如天算」，一個美麗的同學會期待落空了，一封問候的賀卡石沉大海了，光陰冉冉，明珠嫁做人婦，當現在已是大學教授的作者吟詠唐人崔護的「人面不知何處去，桃花依舊笑春風」，我想到的卻是李白的「同居長干里，兩小無嫌猜」。好美的一幅畫面呢。

我們一起安然度過

在大人們的眼裡，我一直是個乖孩子，從小學到高中一直當班長，可以說是一帆風順，沒有大的波瀾。可是在這波瀾不驚的歲月背後還是避不開一些青春的悸動。我們那個年代的孩子，提及早戀猶如碰觸高壓線，只能私底下悄悄說，絕不能公開大肆

作者簡介

陳天中

兒童文學作家，童書編輯，世界華人科幻作家協會會員，福建省作家協會會員。已累計發表百萬餘字童話、科幻、小說等作品，部分作品入選《中國童話年選》、《中國兒童文學年選》、《中國最佳故事年選》、《當代兒童文學閱讀新經典》、《中國兒童文學新名家精品》等。

所編圖書獲「五個一」工程獎、冰心兒童文學圖書獎、新聞出版總署向青少年推薦百種圖書、華東少兒圖書編輯一二等獎、暢銷書品種獎等。作品獲全球華語科幻星雲獎、臺灣兒童文學牧笛獎、百花文藝獎、首屆啟明兒童文學獎等。

宣揚。像我這樣循規蹈矩的好學生，更是要以身作則，不得越雷池半步。

然而，這個「雷池」的界線誰也不知道劃在哪兒，誰也不明白究竟走到哪一步才算是越線了。事後回想起來，每個人的那條線劃得都不大一樣，有的人劃的範圍大一些，有的人劃的範圍小一些。劃大一些的，甚至連與女生說話都算是越線的；畫小一些的當然除了公開表示愛慕之外都不算是越線。我屬於兩者之間，既不那麼拘謹，也不那麼開放，順其自然。也許正因如此，才讓我安然度過大人們擔心的「危險期」。

我在初中和高中的時候，先後與兩位女生交往相對比較密切，這兩個女生有一個共同的特點，學習成績都很棒，基本「霸占」著班上前三名的位置，按現在流行的話說，就是「學霸」。我無法保證每次都是前三名，不過前十名還是很有把握的，僅屬於半個「學霸」。我們的交往很自然地圍繞著學習開始。

初中那位女生書卷氣很濃，平時的言語不多，不過成績特別出色，時常考第一名。我記得與她開始交往緣於我們都很喜愛課外閱讀，借書成了我們溝通交流的主要方式。我們碰上好的書都會推薦給對方，然後互相借著看。日子久了，開始與她有些共同的話題。當然，我們不是通過傳遞紙條，而是在互相交換圖書那幾分鐘裡，簡明扼要地交流著自己的心得。日子久了，我們成了好朋友，不過班上其他同學根本看不出來，只覺得我們是一對書蟲，並不在意有一條朦朧的情感橋梁已經在我們之間架設起來了。有時候碰到一本好書，我首先會想到她，我們往往不約而同地推薦同一本書，然後相視一笑。

有天週末，我閒來無事在街上散心，拐過一條街道胡同口的時候，聽到有人叫我的名字。我回頭一看，是她！她很欣喜地看著我說，她家就住在附近，要不要去她家裡坐坐。不知為什麼，我當時感覺心怦怦跳得厲害，竟然滿口答應她，跟著她來到她家裡。她父母聽她介紹完我之後，很熱情地招待我。頭一次在她家裡待著並不感覺局促，因為她父母問了我家裡的狀況後，竟然意外地發現我們兩家還是遠親！他們還認得我父母呢！就這樣，我們安心地坐在一起聊天，她父母還端來了瓜子、糖果之類給我吃，甚至還留我在他們家裡吃飯。我與她之間的距離瞬間就更近了。

此後一段時間，只要我有些時間就會去她家串門，或是去還書，或是借書。有時候我會有一種奇怪的想法，要是能一直與她在一起那多好。於是很自然地想到了升學考試，一定要和她一起考入同一所學校。我開始在功課上用功，這麼一來，我在班上的名次漸漸也鎖定在前三名裡，成了老師眼裡的紅人。在升高中的省品質檢查考試中，我的成績很不錯，被學校列入免試保送一中的名單裡。我一直以為她和我一樣在保送名單裡，然而出乎意料的是她選擇了一所師範學校。我升上重點高中，而她卻進入師範學校，我們就此分開了。雖然分開，但是寒暑假的時候我們還會碰在一起，只是不再像以前那麼密切了。我們一直把對方當成好朋友，直到彼此都成家立業了，都不曾說出越雷池的那句話。

高中的那位女生就坐在我後排，綁著一個馬尾辮，眨著一對大眼睛，長得很漂亮，性格很開朗，時常與她的同桌（另一位女生）合起來捉弄我。我不知道這兩個女生當時出於什麼想法，總是時不時地用筆戳我的後背，當我回過頭來，她們倆你看我我看你地抿著嘴笑個不停，誰也不承認是自己戳的。我的脾氣一貫都很好，這就造成她們沒事都喜歡「騷擾」我。不過，有時候不是騷擾，而是真有事，或是問個題目，或是借個筆、橡皮之類的。那位女生給我的印象很好，有時候從家裡帶了些好吃的零食，除了分給她同桌也不忘記給我一份。

我們真正開始深入交往是因為一件很偶然的小事。有一天下午放學，天氣很熱，我準備到校外去理髮（我是寄宿生），突然有幾位同學跑來告訴我說那位女生的單車被偷了。我立刻交代一個同學先到校保衛科報警，然後叫了幾位男生在附近教學樓各個角落尋找。我們在綜合樓一個角落找到了她的車子，真沒想到小偷還來不及騎走，車鎖已經被撬壞了，車鑰匙卡死打不開。我們幾個男生好不容易才將鎖打開了，可一推車子發現車胎的氣已被放光了。正好我要出去理髮，就推著車子和她一起到車棚打氣，氣打足了，她連聲謝謝我，準備騎上車子回去。我轉身準備離開，才走幾步，她在身後叫我，我回頭一看，原來車胎又癟了，看來車胎已經被刺破了。我只好幫她把車推著去找修車鋪。走了很長的路還是沒找到修車鋪，我們就這樣一路走一路聊，直到一個十字路口才找到修車鋪。這次接觸讓我們的關係一下拉近了許多。那段時間我們憑藉前後座的優勢頻繁交往，不過誰也沒捅破那層窗戶紙，一直就這樣，直到畢業。高中畢業後我偶爾會想起她來，想與她繼續聯絡，可始終沒能聯繫上。當然，後來再遇見她時，她已經成了一名教師，並且有了一個幸福的家庭。

許多青澀的記憶裡，這兩個女孩時常勾起我對朦朧歲月的一絲美好回憶。我們都沒有去碰觸那條高壓線，各自相安無事地生活在自己的世界裡。我們的純真友情能一直留存至今的主要原因是，我們彼此都沒有去捅破那層窗戶紙。也許這是一種遺憾的錯過，但是我們在不經意中互相激勵了對方，在青春關鍵的時刻裡安然度過，有了這些，就已經足夠了。

2014年春天寫于福州

品讀

作者的六年中學生活記述，不妨用八個字形容：「健康寫實，四平八穩」。從小學到高中，陳天中都當班長，不難想像，在那個相對保守的年代，學生談戀愛是被禁止的，班長是個安分守己的學生，絕大部分精力都專注在課業上，成績總保持前十名，談戀愛這種事，「像我這樣循規蹈矩的好學生，更是要以身作則，不得越雷池半步」，於是這個中規中矩的班長，頗為自制的安然度過青春期。

文中提到的兩個女生，中學交往的一位，是以書會友，彼此交換讀書心得，同享讀書樂趣，往往不約而同推薦同一本書；高中交往的一位，是前後坐，這段描寫得很生動調皮，看得出小女生的心眼兒。推腳踏車一路走一路聊一幕，頗有景深，具有電影鏡頭下的效果。全文娓娓道來，沒有激情和矛盾的描寫，情緒平和，不過蛛絲馬跡中，還是感受到潛在的溫情和心靈悸動。

一般說來，性情內斂保守的男孩，如果不主動向女孩表態，保守害羞的女孩，當然也不會採取主動，所以六年下來，大家都沒有跨越雷池一步。這種似有若無的情愫，對中學生來說，也許占比例上的多數，也許沒有機會，也許沒碰上自己喜歡的對象，就是有，旁人也無從得知，不過能小小「暖個身」，也是青春美麗的烙痕，回憶起來還挺甜蜜的。

愛是自由

他伸出手，試著以手勢為我示範什麼是交流電與直流電，這些複雜的物理現象、化學公式，一向非我專長。

我專長的是語文，風花雪月、為賦新詞強說愁，與各種不切實際的幻想。我是作夢專家與只有國文科沒被

作者簡介

王淑芬

一九六一年生於臺灣臺南縣左鎮鄉，臺灣師範大學教育系畢業，曾任國小教務主任、輔導主任。除兒童文學小說、生活故事、童話及散文創作，亦擅長做手工書。出版繁體字與簡體字版童書近八十冊，韓文版《我是白癡》並已拍成電影。作品包括：「君偉上小學系列」、《地圖女孩．鯨魚男孩》、《搶救閱讀55招》、《手工書55招》、《一句話專賣店》等。

難倒的可憐中學生，他是隔壁班每次大考小考皆榮登狀元的好男兒。

他很嚴肅，表情很認真，彷彿教懂我直流電與交流電的差異，是他此刻在地球上最重要的使命。我嘆了一口氣：「幹麼學這個，將來我一定不靠這個維生。」他更嚴肅了：「明天就考這個。」

中學一年級才從公立學校轉到這所私立學校，先是被密集的大小測驗壓迫得喘不過氣，再加上整所學校籠罩的沉沉暮氣，澈底將我一個原本小馬般活潑青春女孩，改造成眼鏡度數驟升的小老太婆。但向來不走叛逆路線的我，乖馴的自我壓低姿態，認真背書應付考試，希望少挨幾下鞭子、幾聲斥罵。當然，我也深知，不讓父母擔憂，才是我認命的主因。私校學費昂貴，讓父母得拚老命工作，他們覺得這是改變孩子窮困命運的唯一途徑，他們只能這樣做，我也只能這樣接受。愛，有時是一種壓迫，再輕軟的壓迫，還是壓迫。但是，我幸運的在課業壓力與師長雙面壓夾中，劈開一條細縫，給自己一絲涼風：我讀小說。

「我跟你說哦。」我打斷他的直流電教學。「你讀過瓊瑤小說嗎？《幾度夕陽紅》。我昨晚熬夜看，哭得簡直……」

他靜靜的看著自己手中的物理課本，聽我說著小說中的纏綿悱惻。我可能是個說書高手吧，聽著聽著，他嚴肅的眉眼逐漸開展，露出一張清秀白晰的英挺男孩臉龐，與我在短暫時間中，跳脫一切，躲入必遭師長譴責的「愛情肥皂劇白日大夢」中。我說得激昂，他聽得入神。小說中的愛恨情仇，是如此動人，比我們明天即將面對的考試重要多了，真實多了，不是嗎？

說完男主角最後隱居山間，我輕輕一嘆，他也輕輕一嘆。過了幾秒，他拾起課本，問：「啊妳到底是懂了沒有？」

後來我隔天考試究竟有無及格，已不記得。但是，那個夜已深、教室卻仍燈火通明，兩個暫且撇開一切，享有夾縫中片刻自由的情景，依然在我腦中停駐許久。我甚至連為什麼隔壁班的狀元郎會為我上家教課，都忘了。一開始，似乎是因為我與他的堂妹是室友，透過堂妹介紹而彼此認識交談。也許是我某次抱怨自己毫無科學細胞，他一時興起，自告奮勇為我私下教授吧。

愛的理由千百種，一個對的眼神，一次恰到好處的感受，便成為彼此最與眾不同的默契，只有你知我知。從此，兩人分享一種最舒適與自由的狀態，無比壯大，足以抵禦所有外在的擊打。

沒有一日不考試的當時，我卻依然活出一絲絲快樂，除了感謝讀不完的小說，更慶幸的是他。一個願意陪著自己發夢，完全理解與接納的精神伙伴，是多麼可貴。我與他，常常在夜間的學術研討中，並行著另一個時空；在我述說的小說情節裡，我們覺得自己也戀愛了，值得了。

到底，我與他算不算一對青春戀人？是，也不是。當時，談戀愛並不被允許，我曾因接到一封寄給我的情書（莫名其妙的一位外校生寫來的），便被請至教導室，訓話許久。所以，我們並沒有戀愛基本行為中的牽牽手，遑論更親密的行動。但是，我與他的確是對戀人無誤，否則，他為什麼只為我一人上課？平時，他是自律甚嚴，也少見與人談笑風生。連見他上臺領獎，亦是表情凝重，似乎知道，這不過是下一次考試前的小歇一會兒。

然而，他就是對我不太一樣。當一個人真心待你時，絕對會有感應的。每次假日歸鄉返校後，他的堂妹會偷偷送我小袋點心，低聲說：「我伯母做的。」伯母，不就是他的媽媽？是他央求母親手作美食贈我嗎？我偷偷歡喜著。

再一次，他堂妹邀我一起放假時去她家玩。小鎮有書店，我開心的逛著，買下一本拜倫詩集。但是我們並沒有到他家去。想想如果真去了，反而尷尬吧。倒是隔幾日後，他在教我一道化學公式後，輕描淡寫著：「我爸爸說，妳買的詩集他也喜歡。」我聽了，心跳加速，又古怪卻又開懷。

我很幸運，年輕時的愛，既不激越，也不激進。太容易的親密，反而空虛，因為一切已填得又飽又滿，再無想像與期待。而想像與期待，才是最大的浪漫。

每當我對著考卷生厭，會想著今天晚上，要講哪一本小說給他聽。他聽了可能會忍不住笑，也可能皺眉批評著劇情的不合理，然後我可以撒嬌反駁：「小說就是要這樣寫嘛，曲折離奇才有可看性。」於是，我也笑了，有力氣轉身迎接下一堂數學課。而我知道，就在離我不遠處，有個他，可能也與我一般，在我們營造的小小愛的殿堂中，寬容看待人生中的不滿。這樣就好，我就是最想要這樣的一點互知與深知；全世界有一個你懂我，而我也懂你。

中學畢業前夕，他在我的紀念冊上留言，仍是一貫的正經八股勉勵文。但他寫好遞給我時，微微一笑。我也是。

其實什麼也沒發生，以實際情況言，我們並不算是一對戀人。幾年後，已無聯絡的我們，在我讀大學時，有日他不知怎麼的，忽然來找我。他送我一對小巧可愛的紅鞋子吊飾，我接過來，直想：「這個能掛哪裡啊？」

抬起頭看他，他也有點羞赧的說：「真不知該送妳什麼，胡亂挑一個。」

但是又有什麼關係呢？人生已送過我們一個大禮，讓我們在純真年代，學到一門愛的課程。有愛，會讓我們成為自由人，無懼也無憂。至於在不在一起，那又是另一門課，要付出高學費的，不強求。

品讀

一個十三歲的女孩兒，原本小馬般的活潑個性，卻被沉重的課業壓得透不過氣來，是什麼「拯救」了這個早熟的小靈魂？是誰為她蒼白的作業本畫上一顆熱情的小紅心？是浪漫的愛情小說！是一個愛聽浪漫愛情小說又了解她的「他」！

一段美好的青春插曲，經作者娓娓道來，幽默動人。那是相對於現在的一個安靜而保守的年代，別說小小年紀迷上愛情小說會被大人認為是一種「不像話」，如果還敢和男生約會什麼的，嚴厲古板的老師和家長，可是要給扣上一頂「行為不檢點」的「壞小孩」帽子呢。

一點都不誇張，我也曾是過來人。中學生活對我來說，就像一株青嫩小苗，被沉重的課業壓力悶在泥地裡冒不出頭來。

這個時代當然已經開放很多，不過，正值青春的男孩女孩，依然存在著兩性相處的困惑。

可是你感覺到了嗎？不管男生、女生，人與人之間之所以能互相吸引，還是來自對彼此的欣賞與認同；作者經過多年後回顧這段感情，體會到純純的愛可以幫助自己將生活中的沉重化作希望與光源。

紓解課業壓力的方法有很多種，譬如培養某種愛好，如運動、畫畫、歌唱、舞蹈、甚至從國術到烹飪等等都是很好的選擇，然後你將會發現，就算喜歡上某個男生女生，也會因為自己學習興趣的多元，面對異性時的態度，變得更加健康陽光！

那一段曾經美好的往事

從蔚藍太平洋上吹來陣陣舒服的春風，陽臺的花盆裡，那蟄伏了一整個冬天的種子，紛紛從溼潤的泥土中，冒出一簇簇新鮮可愛的小綠芽。

我一邊整理花圃，一邊聽著音響中傳來一首首懷舊的老情歌。細細品味那如詩般雋永的歌詞；感情真摯的

作者簡介

嚴淑女

喜歡孩子純真的心和繽紛的想像世界，完成兒童文學博士學業之後，一邊在大學教書，一邊在臺東美麗的山海之間和一群小孩遊戲、創作。最大的願望是用故事，為孩子彩繪幸福的童年。作品曾獲豐子愷兒童圖畫書獎入選、金鼎獎最佳圖畫書獎、漫畫金像獎最佳圖文繪本等。作品售出日本、巴西、希臘等多國版權，收錄在國小課文，改編成動畫、兒童音樂劇。作品有《雪兒Share》、《比利的娃娃世界》、《紋山：中橫的故事》、《春神跳舞的森林》、《再見小樹林》等三十餘冊。

曲調，讓我沉浸在愛情的甜美、苦澀與無奈的氛圍中。

一聲聲無伴奏的純淨清唱，熟悉的歌詞，讓我放下鏟子，專心的聆聽。

你是我最苦澀的等待　讓我歡喜又害怕未來
你最愛說你是一顆塵埃　偶爾會惡作劇的飄進我眼裡
寧願我哭泣　不讓我愛你　你就真的像塵埃消失在風裡

我想起，曾經，在一個盛夏的夜裡，兩人沉默的聽著黃鶯鶯這首情歌〈哭砂〉。她那情感豐富，細膩、穿透心裡的嗓音，為我們青澀的青春，下了另一個注解。

我閉上眼睛，讓歌聲輕輕敲醒我那塵封已久的記憶。

那是一段，曾經美好的往事。

那一年，大學校園中，張貼著歡迎我們這群大一新鮮人的海報。五花八門的社團，無不使用各種奇招異數，招攬我們加入。

一群穿著黃衫的學長，拿著海報，告訴我如何能在假日到山上，帶領小孩度過快樂的童年。從小住在山上的我，也曾受恩這樣的大哥哥、大姊姊，於是毫不猶豫的加入了。

社團迎新時，在歡樂的團康活動中，我感覺有一個眼神跟隨著我，那是一個戴著細框眼鏡，斯文的大一男生。鏡片後一雙深邃的眼，微笑的看著我。

之後，許多社團活動，我們總是在一起接受培訓，通過各式各樣的考驗。體貼細心的他，總是幫我編織，我那亂成一團的天堂鳥；慢慢教我，我總是學不會的表演舞。

但是，需要十八般武藝，才能穿上黃衫，成為正式團員的考驗，讓念設計系，經常得熬夜趕圖的我，萌生放棄的念頭。他來找我，給了我一本詩集，希望我們一起努力，通過考驗。

那本詩集，串起了我們之間的緣分。

我們發現彼此都很喜歡席慕蓉的詩，我們總是約在校園大草坪的鐘樓下，看書、讀詩；晚上，看完電影後，漫步校園，在星空下細細回味；一起去聽音樂會；一起去充滿藝術氣息的咖啡館寫詩，談著未來的夢想。

初戀的我們，還有著絕佳的默契，總是不約而同的說出同一句話；挑到一樣的書或禮物要贈與對方。

有時，甚至只要凝視對方的眼，就知道彼此的想法。這種心有靈犀的觸動，似曾相識的感動，讓我們在筆記中用心寫下席慕蓉的〈緣起〉。

就在眾荷之間
我把我的一生都
交付給你了
沒有什麼可以斟酌
可以來得及盤算
是的　沒有什麼

可以由我們來安排的啊
在千層萬層的蓮葉之前
當你一回眸
有很多事情就從此決定了
在那樣一個　充滿了
花香的　午后

我們認定彼此一定前世相約，今生再續前緣，否則不會在心靈上如此契合。

但是，人生就是這樣，美好的開始，最後不一定是美好的結束。

因為某些原因，我們終究無法在一起。

最後那個夜晚，我們安靜的坐在地板上，音響中傳來的歌聲，替我們唱出心中說不出的傷。

風吹來的砂　穿過所有的記憶　誰都知道我在想你
風吹來的砂　冥冥在哭泣　難道早就預言了分離

那晚，他將那捲〈哭砂〉的音樂帶，放進我淚溼的掌心。

後來，他離開了社團，也遠離我的世界。

我想，或許這一世我倆真的情深緣淺。我只能在夜晚，聽著我們最後的一首歌，在他送我的一本本札記中，寫下一首首的詩，以及生命中沒有他的心情故事，在他生日時，悄悄的寄給他。

最後，輾轉從學長口中知道他到美國念書。他選擇了紐奧良，那是我們曾經相約要同遊的爵士樂勝地；也是他要實現夢想的地方。

我知道，他並未忘記曾經許下的承諾。

我記得，我在最後那本寫滿詩句，卻來不及送給他的札記中寫下，席慕蓉在《無怨的青春》詩集中的一段引子：

在年輕的時候，如果你愛上了一個人，
請你，請你一定要溫柔地對待他。
不管你們相愛的時間有多長或多短，
若你們能始終溫柔地相待，
那麼，所有的時刻都將是一種無瑕的美麗。

若不得不分離，也要好好地說聲再見，
也要在心裡存著感謝，
感謝他給了你一份記憶。

長大了以後，你才會知道，在驀然回首的剎那，
沒有怨恨的青春才會了無遺憾，如山岡上那輪靜靜的滿月。

現在，回首來時路，我真的很感謝他給了我一段無瑕的美麗記憶。
他用真心溫暖了那個曾經自卑，以為不會遇見真愛的自己。

他在眾荷之間選擇了我，相信我能綻放出最燦爛的花朵。
雖然最後他離開了，卻留給了我繼續追尋愛的勇氣。
他也讓我學會，生命中許多的不圓滿，是一種試煉，終究是為了讓你找到生命的方向，成為更好的自己。當你勇敢面對挫折的挑戰，才能迎向光明燦爛的未來，讓人生變得更加精采。
因為一首歌，讓我重新想起年輕時，曾經溫柔陪伴過自己的人。
我坐在電腦前，再次敲打著他的名字。
搜尋的新聞中出現——

在臺灣長大的傑出青年教授，長年在美國默默的研發再生組織，他即將把這項技術帶回臺灣，造福病患。

我看著新聞照片中，依舊戴著斯文的細框眼鏡，深邃的眼，微笑看著我的他，我也微笑的回望。

他那定格在照片中的微笑，告訴我，年輕時曾經在露溼的鐘塔下、綠色大草坪上許下的願望，我們都實現了！

為了讓更多人免除痛苦，擁有更幸福的人生，他用一貫堅毅的態度，在醫學工程上默默的努力，終而成功的完成夢想。

而我用彩繪幸福的筆，寫下一個又一個的故事，讓人們臉上綻放出一朵朵微笑的花，如那在千層萬層的荷葉之前，搖曳的荷。

晚風輕吹著門前的沙簾，我望著太平洋上，那輪靜靜的滿月，我終於明瞭席慕蓉詩中那了無遺憾，青春無悔的意涵。

品讀

情詩和情歌，可以說是提供青春期男女的一部「溫情寶典」，所有無以名之的嚮往、憧憬、激情、幻夢、失落到悲喜，就像銀鵲搭築的一座天橋，把長長的情絲從橋的這頭牽引到橋的那頭。

「生命因詩而甦醒」，席慕蓉詩集《無怨的青春》裡有一首〈盼望〉：「如果能在開滿槴子花的山坡上／與你相遇／如果能／深深地愛過一次再別離／那麼／再長久的一生／不也就只是／就只是／回首時／那短短的一瞬」。

一花一世界，一首好詩也等同一個心靈的小宇宙，我們不以形而下的觀點嗤之以鼻：詩，能當飯吃嗎？一首愛呀恨呀虛虛幻幻的歌，能為你帶來飽足的養分嗎？這就是以管窺天了，當一個孩子呀呀吃奶的時候，母親溫暖的懷抱不就是他整個天堂？青春的綻放亦如此。

這樣說吧！迷人的情詩或情歌，也等同於初探愛情滋味男女的啟蒙聖品，餵養的是一種生命中的美好情愫，化剛強於柔軟，化渾沌為純淨，為尚無感、無趣和無味的懵懂孩子「點穴」，因為差異，各自增長了對異質的理解，也讓自己的身心有了新的發現。

這樣一說，你會更看懂了這篇「風花雪月」的文字，儘管像一陣清風，也並非無病呻吟，一陣耳語呢喃，也是「美麗的夢和美麗的詩一樣，都是可遇而不可求的，常常在最沒能料到的時刻出現。」

國家圖書館出版品預行編目資料

愛情是怎麼回事？：17位作家的萌戀大公開／桂文亞主編．--初版．-- 臺北市：幼獅，2015.05
面； 公分. --（散文館；17）
ISBN 978-957-574-996-5（平裝）

1.戀愛 2.文集

544.3707 104004178

・散文館017・
愛情是怎麼回事？——17位作家的萌戀大公開

主　　編＝桂文亞
繪　　圖＝黃祈嘉
出 版 者＝幼獅文化事業股份有限公司
發 行 人＝李鍾桂
總 經 理＝王華金
總 編 輯＝劉淑華
副總編輯＝林碧琪
編　　輯＝朱燕翔
美術編輯＝游巧鈴
總 公 司＝10045臺北市重慶南路1段66-1號3樓
電　　話＝(02)2311-2832
傳　　真＝(02)2311-5368
郵政劃撥＝00033368

門市
・松江展示中心：10422臺北市松江路219號
電話：(02)2502-5858轉734 傳真：(02)2503-6601
・苗栗育達店：36143苗栗縣造橋鄉談文村學府路168號（育達科技大學內）
電話：(037)652-191 傳真：(037)652-251

印　刷＝崇寶彩藝印刷股份有限公司
定　價＝250元
港　幣＝83元
初　版＝2015.06
書　號＝986270

幼獅樂讀網
http://www.youth.com.tw
e-mail:customer@youth.com.tw

行政院新聞局核准登記證局版臺業字第0143號

幼獅文化公司／讀者服務卡／

感謝您購買幼獅公司出版的好書！
為提升服務品質與出版更優質的圖書，敬請撥冗填寫後（免貼郵票）擲寄本公司，或傳真（傳真電話02-23115368），我們將參考您的意見、分享您的觀點，出版更多的好書。並不定期提供您相關書訊、活動、特惠專案等。謝謝！

基本資料

姓名：……………………先生／小姐

婚姻狀況：□已婚 □未婚　職業：□學生 □公教 □上班族 □家管 □其他

出生：民國……………年……………月……………日

電話：（公）……………（宅）……………（手機）……………

e-mail：……………………

聯絡地址：……………………

1.您所購買的書名：**愛情是怎麼回事？**——17位作家的萌戀大公開

2.您通常以何種方式購書？：□1.書店買書 □2.網路購書 □3.傳真訂購 □4.郵局劃撥
（可複選）　□5.幼獅門市 □6.團體訂購 □7.其他

3.您是否曾買過幼獅其他出版品：□是，□1.圖書 □2.幼獅文藝 □3.幼獅少年
□否

4.您從何處得知本書訊息：□1.師長介紹 □2.朋友介紹 □3.幼獅少年雜誌
（可複選）　□4.幼獅文藝雜誌 □5.報章雜誌書評介紹……………報
□6.DM傳單、海報 □7.書店 □8.廣播(　　　　)
□9.電子報、edm □10.其他……………

5.您喜歡本書的原因：□1.作者 □2.書名 □3.內容 □4.封面設計 □5.其他

6.您不喜歡本書的原因：□1.作者 □2.書名 □3.內容 □4.封面設計 □5.其他

7.您希望得知的出版訊息：□1.青少年讀物 □2.兒童讀物 □3.親子叢書
□4.教師充電系列 □5.其他

8.您覺得本書的價格：□1.偏高 □2.合理 □3.偏低

9.讀完本書後您覺得：□1.很有收穫 □2.有收穫 □3.收穫不多 □4.沒收穫

10.敬請推薦親友，共同加入我們的閱讀計畫，我們將適時寄送相關書訊，以豐富書香與心靈的空間：

(1)姓名……………e-mail……………電話……………

(2)姓名……………e-mail……………電話……………

(3)姓名……………e-mail……………電話……………

11.您對本書或本公司的建議：

廣　告　回　信
臺北郵局登記證
臺北廣字第942號

請直接投郵　免貼郵票

10045　臺北市重慶南路一段66-1號3樓
幼獅文化事業股份有限公司

請沿虛線對折寄回

客服專線：02-23112832分機208　傳真：02-23115368
e-mail：customer@youth.com.tw
幼獅樂讀網http：//www.youth.com.tw